酒肴の展開

美味しい献立の増やし方

はじめに

酒の楽しみ方は、単に酒を飲み、酔う事だけではありません。相性のよい肴を合わせて楽しむ事が飲食文化を向上させるための糧となっていると感じます。

私たちのまわりには食前、食中、食後に合う様々な個性のある数多くの酒が溢れています。酒肴は、そうした酒との相性がとりわけ大事です。そこには風味や口当たりがマッチするか、香りと味が酒に合うか、といった数々の要素がかかわってきます。

料理の味は口の中での弾力、なめらかさの強弱や温度によっても変わります。当然合う酒も変わります。料理をつくるうえで最も大事だと思うのは香りの要素です。旨い不味いという味覚は、香りによるところが大きいのではないでしょうか。酒と酒肴の相性を考えるうえでも、香りと味の関係をしっかりと踏まえる必要があります。酒は酒自体のもつアルコールによって香りがより一層立ってきますので、これに合わせて料理の強弱をつけます。

酒の個性は料理の味にも影響を与えます。たとえば和食ならば料理に日本酒を使いますが、同じ料理に紹興酒を使うと中華風になり、ワインを使うと洋風になります。そしてそれぞれに異なる美味しさがあります。

意外な組み合わせの相性の良さを楽しむ事ができるのも、酒肴のいいところです。先入観をもたずに味わえば、チーズは日本酒に合いますし、和食の調味料の白味噌は、ワインによく合うのです。

味は甘味、塩味、酸味、辛味、苦味の五味で味わうと言われています。しかし日本人には旨味、渋味、淡味といった繊細な味を感じる舌が備わっています。さらに酒には人間味と喜遊《きゆう》味もあります。それらをフルに味わいながら、酒と酒肴を楽しんでください。

最後にカメラマンの小林庸浩先生には、1年という時間を肴に、共に味わえた事を感謝申し上げます。

令和二年五月

野崎洋光

目次

漬ける・締める展開　67

加工品の展開　81

寄せる展開 99

焼く・あぶる展開 133

吸い物の展開 165

煮る展開 193

揚げる展開 211

撮影／小林庸浩
デザイン／矢内 里
編集／佐藤順子

凡例
・本書において「だし」はカツオ節と昆布でとっただしをさします。昆布のみでとっただしは「昆布だし」としました。
・材料の配合について。地やタレなどの配合で、単位記号がついていないものは、合わせる割合を示します。

和える展開

和食はもともと白いご飯のおかずでした。おかずはご飯と一緒に食べることで塩味が希釈されるわけですが、酒肴は酒のあてなので、ご飯なしでおいしく食べられるように、甘みを加えるようになりました。そしてこれをもっと食べやすくするために、酢や煮きった酒、水、だしを加えるようになったのです。

さて、本来、和え物は季節の食材を合せ酢や和え衣で和えるのですが、最近ではソース風に掛けることも多くなりました。

こうした料理スタイルの多様化にともなって、和え衣の濃度や味加減を調整しなければなりません。掛けるか、和えるかでベースの和え衣を酢や煮きり酒、水、だしなどで割って、濃度や味などをかえていきます。

どのように調整するかは、主役となる食材次第です。ベースの和え衣をアレンジするときは、主役となる食材の持ち味を生かして底上げしなければなりません。

脂っぽいものに合わせるときは、和え衣を酢で割ったり溶き辛子を加えます。コクが足りないときはナッツや種、卵黄などで油分を補います。旨みが足りない場合には煮きった酒やアミノ酸の豊富な酢、だしを加えます。

塩味や旨みを薄めたいときには水で割るのも有効です。

［酢ベース］

土佐酢

だし3：酢2：薄口醤油1：味醂1
＊すべてを混ぜ合わせて一煮立ちさせる。

カツオだしで割った万能の合せ酢。旨みを強く出したいときは、合わせてから追ガツオすることもある。葛でとろみをつければ吉野酢に展開。

なます酢

だし3：酢2：味醂1：塩0.1
＊すべてを混ぜ合わせて一煮立ちさせ、塩を溶かす。

土佐酢の展開。醤油を入れないので色をつけたくない魚介や肉などに合う。

南蛮酢

だし7：酢3：薄口醤油1：味醂1：砂糖0.3
＊すべてを混ぜ合わせて一煮立ちさせ、砂糖を溶かす。

土佐酢の展開。土佐酢に砂糖が加わり、少し薄めの味加減。揚物に合わせる。

甘酢

水50cc、酢25cc、砂糖10g、塩2g
＊すべてを混ぜ合わせて一煮立ちさせ、砂糖と塩を溶かす。

醤油が入らないので、色を生かしたい食材に合う。ただし緑の葉野菜などは、直前に合わせないと色がくすんでしまう。

加減酢

だし7：酢1：薄口醤油1
＊すべてを混ぜ合わせて一煮立ちさせる。

飲むための合せ酢なので塩味や酸味がマイルド。主役の食材に合わせてだしの量を調節する。追ガツオする場合もある。

黄味酢

卵黄3個分、酢15cc、薄口醤油5cc、砂糖大さじ1
＊すべてを合わせて湯煎にかけ、泡立て器で攪拌する(混ぜすぎると空気が入って白っぽくなるので加減する)。とろみがついたら火を止めて冷ましたのち漉す。

掛けるタイプの合せ酢。西洋料理のソースのような使い方。黄味酢に溶き辛子やヨーグルトなどを加えて展開できる。

［味噌ベース］

白玉味噌

白味噌200g、卵黄1個分、日本酒30cc、味醂30cc
＊すべて合わせて中火にかけて練る。卵黄がなじんでつやが出たら火からおろす。

白味噌がベースなのでユズや木ノ芽などを混ぜ、色や香りを生かすことができる。チーズやサワークリームを混ぜても美味。

赤玉味噌

桜味噌200g、卵黄1個分、砂糖50g、味醂30cc、日本酒50cc
＊すべて混ぜ合わせて火にかけて練る。卵黄がなじんでつやが出たら火からおろす。かたい場合は水でのばす。

赤味噌は調味味噌を使用。主に田楽味噌として利用する。ユズや胡麻などを混ぜてもよい。そば味噌や鉄火味噌のような、なめ味噌のベースになる。

木ノ芽味噌

白玉味噌（白味噌100g、卵黄1/2個分、日本酒15cc、味醂15cc）、木ノ芽
＊白玉味噌を弱火で練って冷まし、すりおろした木ノ芽を混ぜ合わせる。

白玉味噌の展開。タケノコや貝類など春の和え物に重宝する。田楽味噌にも合う。緑色を濃くつけたいときは青寄せを加える。赤玉味噌を使用しても可。

辛子酢味噌

白玉味噌100g、煮きり酢30cc、溶き辛子少量
＊すべてを混ぜ合わせる。濃度調整は水を加える。

白玉味噌の展開。酢の酸味と、香りと辛みのアクセントの辛子を加えた。魚介類に合う。

［種実ベース］

胡桃和え衣

むきクルミ100g、絹漉し豆腐100g、砂糖大さじ2、薄口醤油10cc
＊クルミをすり、水きりして裏漉した豆腐、調味料をすり混ぜる。

クルミの油分を豆腐で割って食べやすくした。旨みが少ない食材や淡白な魚介類に合う。

胡桃だれ

むきクルミ1：だし5：醤油1：味醂1、追ガツオ
＊だし、醤油、味醂を合わせて熱し、追ガツオをして漉す。すったクルミに少しずつ加えてのばす。

クルミの油分を多めのだしで割ったさらりとしたたれ。掛けだれにしてもつけだれにしてもよい。

白和え衣

白練りゴマ10g、絹漉し豆腐100g、砂糖大さじ1、薄口醤油5cc
＊水きりして裏漉した豆腐とその他の材料をすり混ぜる。

練りゴマの油分を豆腐で割って食べやすくした。胡桃和え衣同様、旨みが少ない食材や淡白な魚介類に合う。

胡麻酢

白練りゴマ大さじ3、煮きり酢20cc、水30cc、砂糖12g、薄口醤油5cc
＊すべてをすり混ぜる。

練りゴマに酢を加えることで、旨みが加わる。酸味をやわらげるため、水を加えた。生クリームなどを加えると、よりコクがアップする。

［ご飯ベース］

蓼和え衣

タデの葉、ご飯、塩
＊タデは葉をご飯と一緒にフードプロセッサーにかけてかための粥状にして裏漉し、塩少量で味をつける。

ご飯や粥を加えるとからみやすくなり、味もやわらぐ。葛やコーンスターチなどのデンプンは冷めると老化が起こって色や濃度が不安定になるが、ご飯や粥ならば変化しない。

［基本のあん］

銀あん

だし400cc、薄口醤油小さじ1/2、塩小さじ1/2、水溶き片栗粉適量

＊だしと調味料を合わせて沸かし、水溶き片栗粉か水溶き葛粉でとろみをつける。

下味がついている料理に掛ける。あんの色が薄いので、料理の色がきれいに映える。

べっ甲あん

だし6：醤油1：味醂0.5、水溶き片栗粉

＊だしと調味料を合わせて沸かし、水溶き片栗粉か水溶き葛粉でとろみをつける。

濃い醤油味をからませたいときに用いる。より旨みを強く出したいときは、追ガツオをすることもある。

酒盗あん

酒盗大さじ1、卵1個

＊卵を溶きほぐし、洗って塩抜きした酒盗を加えて湯煎にかけ、泡立て器で混ぜる。とろみがついたら冷やす。なめらかにする場合は裏漉しする。

塩辛を加熱した旨みをあんに生かした。冷めると酒盗のくせがやわらぐ。野菜や魚介類に合う。

アジの上身150g、
薬味（白ネギ10g、ショウガ10g、大葉5枚）、塩
素麺、小メロン
ラディッシュ、ジュンサイ
加減酢（だし7：酢1：薄口醤油1、追ガツオ）300cc

鯵氷膾

1　アジを三枚におろす。上身を包丁でたたき、みじん切りにした薬味を混ぜ、塩で味をつける。1個10gに丸めて氷水に落とす。

2　小メロンをサッとゆでて蛇の目にし、端を結わいてゆでた素麺を中に通す。ラディッシュも薄切りにして蛇の目にする。ジュンサイはサッと水洗いして水気をきる。

3　加減酢を用意する。だし、酢、薄口醤油を合わせて沸かし、追ガツオをして漉し、冷やしておく。

4　器に2と水気をきった1のアジを盛りつけて加減酢を注ぐ。

▼アジを氷水で冷やし固めるという昔の仕事。たたいて粘りを出しているのでほぐれない。

ミズダコの脚、塩
緑酢（キュウリ、塩、土佐酢*、水溶き片栗粉）

*だし3：酢2：薄口醤油1：味醂1を合わせる。

蛸の炙り 緑酢掛

1　緑酢を用意する。土佐酢を沸かし、水溶き片栗粉でとろみをつけて冷ましておく。
2　板ずりして熱湯にくぐらせたキュウリをすりおろし、水気を軽くきっておく。
3　ミズダコの脚は平串を打ち、直火で皮目全体に強く焼き目をつけたのち、氷水に浸けて締める。
4　ミズダコを食べやすくそぎ切りにし、1と2を同量ずつ合わせた緑酢を掛ける。

▼ミズダコは皮と肉の間の食感が噛み切りにくいのでしっかり焼くこと。強火で焼いても、肉まで火が通りすぎる心配はない。

鶏むね肉1枚、昆布
緑酢（キュウリ、塩、土佐酢*、水溶き片栗粉）

*だし3：酢2：薄口醤油1：味醂1を合わせる。

鶏緑酢掛

1　鶏むね肉は熱湯に浸ける。表面が白くなったら冷水に移し、軽く水洗いして水気をきる。

2　1リットルの水に昆布を入れ、1の鶏むね肉を入れて火にかける。80℃になったら温度を保って15分間加熱し、火を止めてそのまま冷ます。常温まで冷めたら繊維に沿って手で割く。

3　緑酢をつくる。土佐酢を沸かし、水溶き片栗粉でとろみをつけて冷ましておく。

4　板ずりして熱湯にくぐらせて冷水にとったキュウリをすりおろす。水気を軽くしぼり、適量を3と合わせ、2の鶏むね肉に掛ける。

▼緑酢のおろしキュウリは提供直前に土佐酢あんと合わせないと退色してしまう。2で残ったスープは、他の料理に使用できる。

ホッキ貝
柿、キュウリ、塩水（塩分濃度1.5%）、ダイコン、塩水（塩分濃度2%）
なます酢（だし3：酢2：味醂1：塩0.1）
針ユズ

北寄貝柿膾

1　ホッキ貝は殻をはずして掃除をし、湯通しして色出しをする。冷水にとって水気をふき、適宜に切る。
2　柿、キュウリ、ダイコンは3㎝幅の短冊に切りそろえ、柿とキュウリは1.5％の塩水に、ダイコンは2％の塩水にそれぞれ15分間浸けてもみ、水気をきる。
3　なます酢を沸かして冷まし、ダイコンを30分間ほど浸しておく。
4　1〜3を混ぜ、ホッキ貝の殻に盛りつけてダイコンを浸けたなます酢を掛け、針ユズを天に盛る。

▼食べる直前に混ぜれば、それぞれの素材の味がしっかりと残る。

カキむき身
ダイコン、塩水（塩分濃度1.5%）
なます酢（だし3：酢2：味醂1：塩0.1）、ユズ
生海苔
浜防風

牡蠣碧あられ和へ

1　カキは熱湯に5～6秒間浸けて冷水にとり、軽く汚れをこすり落とす。63℃のスチームコンベクションオーブンのスチームモードで30分間蒸して冷ます。

2　ダイコンは3㎜角に切り、塩水に30分間浸して水気をきる。なます酢を沸かして冷まし、繊切りのユズ皮を入れてダイコンを30分間浸す。

3　生海苔は熱湯を掛けて色出しをし、水気をしぼる。2に適量を混ぜ、1のカキを和える。器に盛って浜防風をあしらう。

▼カキは蒸し器で蒸してもよいが、かたくならないよう温度計を入れて63℃を保つこと。

鮎並彩和へ

1　アイナメは三枚におろし、一口大の薄い切り身にする。薄力粉をまぶして、170℃の揚げ油でカリッとしっかり揚げる。
2　セロリ、パプリカは1㎝幅、3㎝長さの短冊に切り、170℃の揚げ油でサッと素揚げにし、湯を掛けて油を落とす。
3　南蛮酢を沸かし、揚げたてのアイナメ、2の野菜を浸ける。熱いうちに盛りつけ、おろしキュウリを掛ける。

▼キュウリはダイコンおろしのかわり。提供直前に和えること。

アイナメ、薄力粉、揚げ油
セロリ、パプリカ（3色）
南蛮酢（だし7：酢3：薄口醤油1：味醂1：砂糖0.3）
おろしキュウリ*

*キュウリは板ずりして熱湯にくぐらせて色出しをしてすりおろすと、退色しにくくなり鮮やかになる。

ホッキ貝
湯むきして種を除いたトマト150g、玉ネギみじん切り50g、
ショウガみじん切り20g、大葉みじん切り5枚分
甘酢（水50cc、酢25cc、砂糖10g、塩2g）
生海苔

北寄貝磯酢和へ

1　トマトは小角に切り、みじん切りの玉ネギ、ショウガ、大葉とともに甘酢に浸けて2時間おく。甘酢は材料を合わせて一旦沸かし、冷ましたもの。

2　ホッキ貝は殻をはずし、包丁で開いて中を掃除し、塩水でサッと洗う。70℃の湯にくぐらせて赤く色出しをし、氷水にとって冷ます。水気をふいて一口大に切る。

3　ホッキ貝、1の甘酢漬、生海苔を混ぜ合わせて器に盛る。

▼生海苔は提供直前に和える。

帆立雑穀和へ

1　雑穀は半日浸水し、水気をきって蒸し器で20分間蒸して甘酢に浸す。甘酢は材料を合わせて一旦沸かし、冷ましたもの。
2　ホタテ貝柱は手で一口大に縦に割り、70℃の湯に20秒間浸けたのち、冷水にとって水気をふく。
3　1の雑穀に長ネギのみじん切り、ユズ皮の繊切りを混ぜ、2のホタテ貝柱を和える。

▼雑穀が酸味を吸って、ホタテにほどよくからむ。

ホタテ貝柱
雑穀ミックス、甘酢（水50cc、酢25cc、砂糖10g、塩2g）
長ネギ、ユズ

無花果ワイン蒸し 黄味酢掛

1　イチジクを4等分のくし形に切ってバットに並べ、ポートワインを掛けてサッと蒸す。
2　黄味酢をつくる。すべて合わせて湯煎にかけ、泡立て器で撹拌する。とろみがついたら火を止めて冷ましたのち漉す。
3　イチジクは皮をむいて食べやすく切り分けて器に盛る。上から黄味酢を掛ける。

▼まろやかに仕立てたいときは、黄味酢にヨーグルトを加えるとよい。

イチジク、ポートワイン
黄味酢（卵黄3個分、酢15cc、薄口醤油5cc、砂糖大さじ1）

アカ貝、酢、フキ、塩、昆布、塩水（塩分濃度1.5%）、ウド
雪花菜和え衣（オカラ300g、砂糖15g、酢10cc、塩少量）
黄味酢（卵黄3個分、酢15cc、薄口醤油5cc、砂糖大さじ1）
浜防風

赤貝独活雪花菜《きらず》和へ

1　雪花菜和え衣を用意する。オカラは細目のすいのうに入れて水中に浸けてもむ。漉した水をサラシで漉し、水気をしぼる。サラシに残ったオカラを湯煎にかけ、4～5本の箸でかき混ぜながら、ふんわりするまで弱火で煎る。

2　1時間ほど煎り、水気がほどよく飛んだら、酢と塩で下味をつけて火からはずす。粗熱がとれたら砂糖を箸で手早く混ぜる。和え衣の完成。

3　フキは板ずりして熱湯で色よくゆで、皮をむいて3㎝に切りそろえ、昆布を差した塩水に浸ける。ウドは篠にむいて縦十字に切る。

4　アカ貝は殻をはずして掃除をし、鹿の子に包丁目を入れて酢洗いする。フキとともに2の雪花菜和え衣で和えて、アカ貝の殻に盛りつけ、ウドを添える。黄味酢を掛け、浜防風をあしらう。黄味酢は材料を合わせて湯煎にかけ、泡立て器で撹拌し、とろみがついたら火を止めて冷ましたのち漉す。

▼黄味酢にヨーグルトやスパイスを混ぜてもよい。

合鴨むね肉
土佐酢（だし3：酢2：薄口醤油1：味醂1）
白髪ネギ、大葉
黄味辛子酢（黄味酢*、溶き辛子適量）

*卵黄3個分、酢15cc、薄口醤油5cc、砂糖大さじ1を合わせて湯煎にかけ、泡立て器で撹拌する。とろみがついたら火を止めて冷ましたのち漉す。

鴨十草《とくさ》和へ

1　合鴨は脂身を切り落として形を整える。フライパンを熱し、皮目を焼く。均等に焼き目をつけて脂を出し、熱湯にくぐらせて脂を洗い落とす。
2　別鍋に鴨が浸るくらいの土佐酢を注いで沸かし、1の鴨を入れて、弱火で3分間ほど煮てそのまま冷ます。
3　黄味辛子酢をつくる。黄味酢に溶いた辛子を加えて混ぜる。
4　白髪ネギとせん切りの大葉を水に放って水気をきる。2の鴨の皮をはいで薄切りにし、ネギと大葉と和えて器に盛り、3の黄味辛子酢を掛ける。

▼合鴨を酢で煮るとさっぱり煮上がる。そばつゆで煮ても美味。

アサリ、昆布
ワケギ、ウド、酢
辛子酢味噌（白玉味噌*100g、煮きり酢30cc、溶き辛子少量、水30cc）、長ネギ

*白味噌200g、卵黄1個分、日本酒30cc、味醂30ccを合わせて中火にかけて練る。卵黄がなじんでつやが出たら火からおろす。

浅蜊辛子酢味噌和へ

1　アサリはよく洗い、浸るくらいの水と昆布を入れて火にかける。殻が開いたら火を止めて身をはずす。
2　ワケギはサッとゆでておか上げし、すりこぎでヌメリをしごき落とし、3㎝長さに切りそろえる。ウドは篠にむいて乱切りにし、酢水で洗って色止めをする。
3　辛子酢味噌をつくる。材料をすべてすり鉢ですり合わせる。
4　1のアサリと2のワケギとウドを合わせて、みじん切りの長ネギを混ぜた3の辛子酢味噌で和える。

▼玉味噌は冷蔵庫で1週間日持ちするが、徐々に風合いがなくなる。

キス、塩、酢
生キクラゲ、だし
シロウリ
塩水（塩分濃度1.5％）、昆布
辛子酢味噌（白玉味噌*100g、煮きり酢20cc、溶き辛子適量）

*白味噌200g、卵黄1個分、日本酒30cc、味醂30ccを合わせて中火にかけて練る。卵黄がなじんでつやが出たら火からおろす。冷蔵庫で1週間日持ちするが、徐々に風合いがなくなる。

鱚酢味噌和へ

1　キスは三枚におろして腹骨をそぎ取り、薄塩をあてて20分間おいたのち、酢洗いする。
2　シロウリは縦半分に割って種を打ち抜きで取り除き、長さ3㎝の薄めの短冊に切る。昆布を差した塩水に30分間ほど浸す。繊切りにした生キクラゲはだしで煮る。
3　辛子酢味噌をつくる。材料をすべてすり鉢ですり合わせておく。
4　シロウリ、キクラゲは水気をきり、キスとともに辛子酢味噌で和える。

▼キクラゲ、シロウリはカリカリした食感を生かす。シロウリは水分が出やすいので、しっかり水気をふくこと。

サザエ、煮きり酒
ワカメ、翡翠ナス(→35頁)
野菜酢味噌(玉ネギすりおろし50g、つぶしたトマト50g、酢10cc、信州味噌35g、レモン汁10cc)
キュウリ

栄螺酢味噌和へ

1 サザエは殻から身を取り出して薄切りにする。ボウルに入れて煮きり酒をごく少量加え、箸でかき混ぜながら湯煎で火を通す。

2 野菜酢味噌を用意する。すりおろした玉ネギ、湯むきして種を除いてすりこぎでつぶしたトマト、酢、信州味噌を合わせて火にかけ、木杓子で火が通るまで(一煮立ちするまで)練り、仕上りにレモン汁を入れて冷やす。

3 ワカメは戻して3cm長さに切り、翡翠ナスは一口大に切る。サザエと合わせて2の野菜酢味噌で和え、殻に詰めて、あられ切りのキュウリを散らす。

▼野菜酢味噌はエビやイカ、ハマグリ、鶏肉など比較的あっさりしたものに合う。

牛もも肉（ブロック）400～500g、塩
シドケ
荏胡麻味噌和え衣（白粒味噌60g、長ネギみじん切り10g、すったエゴマ20g）、青菜

牛肉としどけの荏胡麻味噌和へ

1　牛もも肉に薄塩をあて、フライパンで表面に焼いた香りをつける。熱湯にくぐらせて余分な脂を落として水気をふく。
2　1を真空パックにかけて60℃のスチームコンベクションオーブンのスチームモードで、90分間加熱する。
3　シドケを熱湯でゆでて、葉はそのまま、茎はスジをむいて食べやすく切る。
4　荏胡麻味噌和え衣をつくる。材料をすべてよく混ぜ合わせる。3のシドケを和える。
5　2を切り出して、4のシドケと交互に重ねながら盛りつける。ゆでた青菜を添える。

▼もも肉は脂が入っていない赤身として加熱時間を計算する。

アク抜き済のタケノコ（→152頁筍土佐焼）、ウド
煮汁（だし200cc、薄口醤油8cc、日本酒5cc）
スルメイカ
木ノ芽味噌（白味噌100g、卵黄1/2個分、砂糖大さじ1、味醂15cc、日本酒15cc、木ノ芽、青寄せ少量）

筍烏賊木の芽和へ

1　タケノコを合わせた煮汁で煮る。仕上り直前にウドを入れて軽く煮てそのまま冷ます。
2　スルメイカはおろして皮をむき、表面に鹿の子に包丁目を入れて70℃の湯で8割程度まで火を入れる。
3　木ノ芽味噌をつくる。木ノ芽はすり鉢でなめらかにすっておく。その他の材料を合わせて弱火にかけて火を入れ、冷ましておく。冷めたらすりおろした木ノ芽と青寄せを混ぜ合わせる。
4　タケノコ、ウド、イカをさいの目に切りそろえ、3の木ノ芽味噌で和える。

▼木ノ芽味噌の緑色を濃くしたい場合は、青寄せを少量混ぜる。イカは低温で火を通すこと。

サザエ
木ノ芽味噌（信州味噌100g、卵黄1個分、砂糖大さじ2、味醂15cc、日本酒15cc、木ノ芽）
ウド

栄螺木の芽和へ

1　サザエは殻から取り出して掃除し、63℃のスチームコンベクションオーブンのスチームモードで30分間蒸す。
2　木ノ芽味噌をつくる。木ノ芽以外の材料をすり鉢ですり合わせておく。提供直前に叩き木ノ芽を混ぜて和え衣をつくる。
3　サザエを薄切りにし、2で和えて盛りつける。拍子木に切ったウドを添える。
▼サザエは低温で蒸して柔らかく仕上げる。

ミズ実山椒叩き

1　ミズを熱湯でゆがいてみじん切りにする。
2　ミズに青い実山椒と信州味噌を適量加えて包丁でたたく。少量を盛りつける。
▼山菜の王様といわれるミズ。ミズの粘りと実山椒の辛みを味噌でつないだ。提供直前に仕上げる。

ミズ
実山椒、信州味噌

鶏親子和へ

1　鶏もも肉を熱湯にくぐらせて霜降りし、冷水で水洗いする。
2　1の鶏もも肉は鍋に移し、浸るくらいの水と昆布を入れて火にかけ、80℃を保って15分間加熱する。火を止めてそのまま室温まで冷まして一口大に切る。生姜醤油漬をからめる。
3　温泉玉子をざっくりと粗めにくずし、2の鶏と混ぜて盛りつける。ゆでた三ッ葉を巻簾でしぼり、切りそろえて添える。薄口醤油をたらして天に針海苔を散らす。

▼生姜醤油漬の塩分がおもな喰い味となる。最後にたらした薄口醤油は香りづけ。

鶏もも肉、昆布
生姜醤油漬*
温泉玉子**
三ッ葉、薄口醤油
針海苔

*新ショウガを粗みじんに切って醤油に浸けたもの。
**卵を常温に戻して、65℃を保った湯で20分間ゆでる。

牛ランプ肉*、塩、酢
ナス、ミョウバン
ゼリー地（だし5：醤油1：味醂0.5、追ガツオ）、粉ゼラチン**、ラー油
薬味（玉ネギみじん切り、ザーサイみじん切り、ショウガみじん切り）
大葉

*常温に戻す。
**ゼリー地250ccに対して粉ゼラチン5g。

牛茄子叩き

1　ナスは天地を切り落として縦半分に切り、皮にミョウバンをまぶしたのち、熱湯に入れ、落し蓋をしてゆでる。ナスに火が入ったら重ならないようにラップフィルムで挟み、氷で挟んで急冷する。

2　ゼリー地を鍋に合わせて火にかけ、一煮立ちさせて漉し、水で戻したゼラチンを溶かして冷やし固める。固まったらかき混ぜてラー油をたらす。

3　牛肉に塩をふり、直火の網の上で肉の表面に焼き色をつけ、全体に酢をたたくようにつける。

4　牛肉、ナスを切り、器に盛ってゼリー、織切りの大葉、薬味を添える。

▼焼いた牛肉は最後に酢をつけると、表面に浮いた脂がさっぱりきれ、まろやかな味になる。

白瓜昆布土佐和へ

1　シロウリは縦半分に切り、中の種を打ち抜き器で抜き取る。塩水に差し昆布をして、シロウリを2時間浸ける。

2　シロウリを手で軽くもみ、3cm長さ、1.5cm幅の短冊に切る。繊維を断つように皮側に包丁目を入れる。

3　梅肉醤油を用意する。梅干しの梅肉を包丁でたたき、醤油をたらして混ぜる。

4　シロウリと柔らかくなった1の昆布を3cm長さの繊切りにして合わせ、梅肉醤油で和えて盛り、削ったカツオ節を添える。

▼シロウリは表面に包丁を入れて食べやすく。味のなじみもよい。

シロウリ、塩水（塩分濃度2%）、昆布
梅肉醤油（梅肉1：醤油1）
カツオ節

牛もも薄切り肉
胡桃だれ（むきクルミ1：だし5：醤油1：味醂1、追ガツオ）
翡翠ナス（長ナス、揚げ油）
大葉

牛冷しゃぶ 胡桃だれ掛

1 牛もも肉は60℃の湯に30〜40秒間浸けてゆっくり火を入れる。水にとり、ザルに上げて水気をきる。

2 胡桃だれをつくる。クルミは薄皮をむいてすり鉢でペースト状にする。別にだし、醤油、味醂を合わせて熱し、追ガツオをして漉す。クルミペーストにこのだしを少しずつ加えてのばす。

3 翡翠ナスをつくる。ナスを縦半分に切り分けて180℃の揚げ油で揚げて冷水にとって手早く皮をむく。

4 器に2の胡桃だれを流し、1の牛もも肉、3の翡翠ナスを盛りつける。手でちぎった大葉を散らす。

▼牛肉は氷水を使って冷やすと脂が固まって口当たりが悪くなる。

こごみ胡桃和へ

1　コゴミは掃除をして沸かした塩水で90秒間ゆでてザルに上げて冷ます。
2　胡桃和え衣をつくる。クルミを煎ってすり鉢ですり、他の材料を加えてすり混ぜる。
3　コゴミを2の和え衣で和える。

▼ワラビ、ゼンマイ、行者ニンニク、タラノメ、紅葉ガサなども胡桃和え衣との相性がよい。

コゴミ、塩水（塩分濃度2%）
胡桃和え衣（むきクルミ100g、絹漉し豆腐*100g、砂糖大さじ2、薄口醤油10cc）

*水きりをして裏漉ししたもの。

麩*（強力粉1kg、水800cc、塩30g）、揚げ油
煮汁（水1リットル、砂糖80g、醤油25cc、日本酒15cc、たまり醤油35cc、水飴50g）
フキ、塩、昆布、塩水（塩分濃度1.5%）
胡桃和え衣（むきクルミ100g、薄口醤油10cc、絹漉し豆腐**100g、砂糖大さじ2）、針ショウガ

*揚麩は大徳寺麩という名で市販され、知られている。
**水きりして裏漉ししたもの。

蕗揚麩胡桃和へ

1　麩をつくる。材料をすべてよく混ぜ合わせて20℃で1時間おいたのち、流水の中で水が澄むまでもみ洗いし、残ったグルテンから420gを取り出す。

2　グルテンを1個20gくらいに丸めて水分をきり、170℃の揚げ油で揚げる。テニスボールくらいに膨らんでくるので、このまま20分間ほど弱火できつね色になるまで揚げる。取り出して湯にくぐらせて油抜きをする。

3　水、砂糖、醤油、日本酒を合わせて、2を煮る。煮汁が少なくなってきたらたまり醤油、水飴を入れてからませる。

4　フキは塩で板ずりして熱湯で色よくゆで、皮をむいて4cm長さに切りそろえる。昆布を差した塩水に浸けておく。

5　胡桃和え衣をつくる。クルミを煎ってすり鉢ですり、その他の材料をすり混ぜて裏漉す。

6　3の揚麩と汁気をきったフキを5で和えて盛りつける。針ショウガとクルミを添える。

イチジク、日本酒
シロウリ、塩水（塩分濃度2%）
胡麻酢（白練りゴマ大さじ3、煮きり酢20cc、水30cc、砂糖12g、薄口醤油5cc、生クリーム5cc）

無花果 胡麻酢掛

1　シロウリの雷干しをつくる。シロウリの両端のヘタを切り落とし、種を打ち抜きで抜く。ここに竹串を1本通して支え、1.5cm幅の螺旋状に切っていく。塩水に3時間ほど浸けたのち、丸1日風干しにする。これを3cm長さに切る。
2　イチジクはバットに並べて日本酒をふり、蒸し器でサッと蒸して皮をむき、一口大に切る。
3　胡麻酢をつくる。すべての材料をすり鉢でよくすり合わせる。
4　シロウリとイチジクを合わせて胡麻酢で和える。

▼シロウリは半生干しにしてカリッとした食感をうまく出すこと。

干しゼンマイ
アサリ
コンニャク、シイタケ
煮汁（だし8：味醂1：醤油0.7）
セリ、塩水（塩分濃度1.5%）、昆布
白和え衣（絹漉し豆腐*100g、砂糖大さじ1、白練りゴマ10g、薄口醤油5cc）

*水きりをして裏漉ししたもの。

薇白和へ

1　ゼンマイは3日間水に浸けて戻す（毎日水をとりかえる）。柔らかくなったらたっぷりの水で30分間ほどゆでる。このまま自然放置し、水気をきる。食べやすく切りそろえる。

2　アサリは浸るくらいの水を注いで火にかけ、殻が開いたら身を取り出す。コンニャクはゆでこぼして3㎝長さの薄切りにする。シイタケも薄切りにする。

3　煮汁を合わせて、ゼンマイ、コンニャク、シイタケを弱火で10分間ほど煮て、そのまま冷まして味を含める。

4　セリをゆでて水にとり、水気をしぼって昆布を差した塩水に浸けておく。

5　白和え衣をつくる。すべての材料をすり鉢ですり混ぜる。2のアサリ、汁気をきった3と刻んだ4のセリを和える。

▼干しゼンマイはアク抜きをせずに乾燥して市販されているので、1のようにアク抜きをして用いる。

根イモ、ダイコンおろし、塩、酢
濃いめの吸い地
芽キャベツ、塩水（塩分濃度1.5％）、昆布
胡麻酢（白練りゴマ100g、煮きり酢30cc、砂糖25g、薄口醤油20cc、水20cc、醤油5cc）

根芋胡麻酢和へ

1　根イモは茎の下のかたい部分を使う。20㎝に切って、太い側に十字の包丁目を入れる。ダイコンおろしと同量の水を合わせ、1％の塩を加えて、根イモを2時間浸けておく。

2　たっぷりの湯を沸かし、湯の3％の酢を入れて、1の太い側の根イモを1分半ゆでたら、先の細い部分を入れてさらに1分間ゆで、冷水にとってサッと洗う。

3　濃いめの吸い地で2の根イモを80℃で5分間煮てそのまま冷ます。

4　芽キャベツを4等分に切ってゆで、水にとって水気をしぼり、昆布を差した塩水に浸けておく。

5　胡麻酢をつくる。材料をすべてすり鉢でよくすり混ぜる。根イモを食べやすく切り、芽キャベツとともに胡麻酢で和える。

▼根イモは、サトイモの親芋から出てくる芽の部分。千葉県柏市の特産。

アサリ
シイタケ、醤油
緑和え衣（ご飯100g、ゆでてみじん切りにしたニラ30g、塩2g、ショウガ細切り適量、コショウ少量）

浅蜊椎茸緑和へ

1 緑和え衣を用意する。フードプロセッサーにご飯とニラを入れて回し、トロリとしたら塩、コショウ、ショウガで味を調える。
2 シイタケは軸を取り、両面を天火で焼く。焼き上がりに刷毛で醤油をぬってサッと乾かす。火からおろして薄切りにする。
3 アサリは浸るくらいの水を注いで火にかけ、殻が開いたら身を取り出し、汁気をふいて2のシイタケとともに緑和え衣で和えて盛りつける。

▼ニラはゆでても退色しないので、和え衣は仕込んでおけるが、和えるのは提供直前。

アユ、塩、酢
キュウリ、塩水（塩分濃度1.5%）
ショウガ
薄焼玉子（全卵2個、卵黄1個分、薄口醤油2.5cc、砂糖大さじ1/2）
蓼酢（タデの葉5g、ご飯100g、煮きり酢15cc）

鮎三笠巻

1　薄焼玉子を焼く。材料をすべて合わせてよく混ぜて漉す。温めたフライパンに卵液を少量薄く流し、卵がフツフツしてきたら裏返して、サッと焼いて取り出す。焼き色はつけないこと。8cm幅に切りそろえる。

2　キュウリは8cm幅の桂むきにして塩水に浸す。しんなりしたら取り出して水気をふく。

3　アユは三枚におろし、薄塩をあてて15分間おいて酢洗いする。8cmに切りそろえる。

4　巻簾に薄焼玉子を敷き、2のキュウリをのせて3のアユを並べ、繊切りのショウガをのせて巻いて締める。

5　蓼酢をつくる。タデの葉をすりおろし、ご飯を加えてさらにすりつぶす。なめらかになったら煮きり酢を加えてのばす。

6　4を切り分けて盛りつけ、蓼酢を掛ける。

▼蓼酢を初夏の奈良・三笠山の緑に見立てて三笠巻とした。

アユ、塩、酢
青梅醤油漬*（青梅適量、醤油5：日本酒1）
蓼和え衣（タデの葉、ご飯、塩）

*1カ月以上日持ちさせる場合は、一旦青梅を取り出して、漬け込んだ地だけを加熱して冷まし、再び青梅を戻して保存する。

鮎梅醤油蓼和へ

1　青梅醤油漬を仕込む。青梅は縦に包丁を入れ、シャモジなどをあてて上から体重をかけて梅を割り、種を取り除く。浸るくらいの醤油に3日間漬ける。

2　醤油を漉し取って鍋に移し、醤油の2割の日本酒を加えて火にかける。一煮立ちしたら火を止め、冷めたら梅を戻して最低3日間漬ける。

3　アユは大名おろしにして薄塩をあて、20分間おく。酢に1分間浸けて取り出し、キッチンペーパーで水気をふく。

4　蓼和え衣を用意する。タデは葉のみをむしり、ご飯と一緒にフードプロセッサーにかけてかための粥状にし、塩少量で味をつける。

5　3のアユを3～4cmに切り、薄切りにした青梅醤油漬を合わせて、蓼和え衣で和える。

▼青梅醤油漬は半年以上日持ちする。酸味とカリカリとした食感がさわやか。

牛もも肉(ブロック)300g、塩、コショウ
緑粥(タデの葉、大葉、粥、塩、ショウガ汁)
エゴマ
白ネギ、彩かもじ(白ネギ、大葉、ショウガ、糸唐辛子)

牛肉の荏胡麻和へ

1　牛もも肉は塩、コショウをふって30分間おく。熱したフライパンで表面のみを焼いたのち、熱湯を掛けて脂や汚れなどを取り除き、真空袋に入れて真空にする。

2　1を60℃のスチームコンベクションオーブンのスチームモードで90分間加熱してロゼに火を通す。

3　緑粥をつくる。タデの葉と大葉を刻んですり鉢ですり、粥を加えてのばす。塩で味をつけ、ショウガ汁で香りをつける。

4　2を袋から取り出し、スライスし、緑粥で和えたエゴマをまぶして器に盛る。みじん切りの白ネギと、彩かもじを天に盛る。

▼真空にして72℃の湯に30分間浸けて火を通してもよい。

無花果 穴子あん掛

1　アナゴあんをつくる。アナゴは背開きにして皮をひく。上身を蒸し器で7～8分間ほど蒸して裏漉しする。
2　1に豆乳、薄口醤油を合わせて火にかけ、沸いたら水で溶いた片栗粉で濃度をつけてあんとする。
3　イチジクを4等分のくし形に切って軽く塩をふり、形がくずれないように上火で焼いたのち、食べやすく一口大に切り、大葉をあしらって器に盛る。上から2のアナゴあんを掛ける。
▼アナゴは通常皮はひかないが、豆乳の白色を生かしたかったので皮をひいた。

アナゴあん（蒸して裏漉ししたアナゴ50g、豆乳50cc、薄口醤油3cc、片栗粉3g、水15cc）
イチジク、塩、大葉

イチジク、塩
ワケギ、クルミ、焼海苔、カツオ節
暁あん（だし8：薄口醤油1：味醂1：赤パプリカの裏漉し3、葛粉）

無花果 暁あん掛

1　暁あんをつくる。赤パプリカを柔らかくゆでて裏漉しする。だし、薄口醤油、味醂を合わせて火にかけ、水で溶いた葛粉でとろみをつけ、裏漉しした赤パプリカを混ぜて冷やしておく。

2　イチジクは4等分のくし形に切り、軽く塩をふって上火で軽く焼く。

3　ワケギは薄い斜め切りにして水に放ったのち、水気をきる。クルミは煎って薄皮をむいておく。

4　ボウルにワケギ、クルミ、焼海苔、カツオ節、1のイチジクを合わせてさっくりと混ぜ、器に盛る。上から冷たい暁あんを掛ける。

▼イチジクは形くずれしないように注意。赤パプリカが一番赤色が美しくでる。

珍味の展開

酒肴に欠かせない珍味。魚卵や内臓を使った個性のある味と旨みが酒によく合います。

珍味類は保存品であったので、塩味はかなり強くつくっています。これを、ほどよく塩抜きをして使うのですが、塩の抜き方がポイントになります。

数の子などの塩蔵品は、真水で塩を抜くと表面がブヨブヨにふやけたようになってしまいますが、呼び塩といわれる1％の薄い塩水で塩抜きをすると、形状もそのままで旨みがしっかりと残ります。

また酒盗などの塩辛類の既製品には、旨みを補うためにアミノ酸や保存料が添加されているので、これを洗い流して使うと澄んだ味になります。また製品によって塩分濃度もまちまちなので、料理に使う際は注意しましょう。

珍味のくせや塩味をやわらげるために、淡白で味の薄いものを一緒に食べてもらったり、卵黄などの油分を加えてもいいでしょう。

唐墨

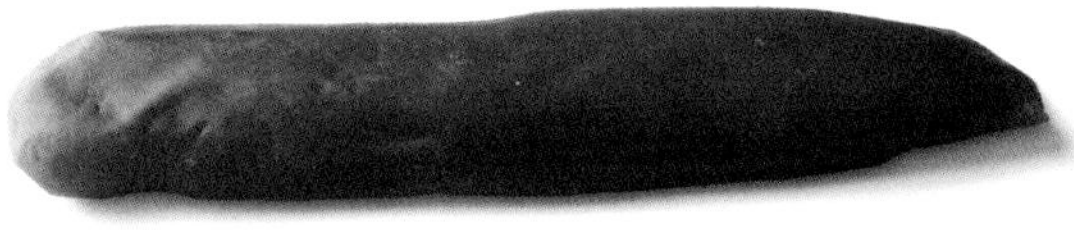

ボラの卵巣を塩漬けにして乾燥させたもの。ねっとりとした食感が特徴。分とく山では半生の粕床漬を使用。
ボラの卵巣を塩水に浸けて血抜きをしたのち、強塩をまぶし冷蔵庫で塩漬けする。塩を落として日本酒で洗い、粕床に漬ける（↓50頁唐墨粕味噌飯蒸し）。

酒盗

カツオの内臓の塩辛。たたいた内臓に塩をして水気をきり、密封容器に入れて毎日数回かき混ぜながら2～3カ月漬ける。まだ脂がのっていない春先から夏までのカツオでつくるとよい。既製品は塩分濃度がまちまちで、アミノ酸などが添加されたものがあるので、水洗いして適度な塩分に調整してから用いる。

真子うるか

アユの真子の塩辛。うるかには、アユの内臓でつくった苦うるか、内臓に身を混ぜた親うるか、卵巣を使った真子うるか、精巣を使った白子うるかがある。苦うるかは内臓を包丁でたたいて塩を混ぜ、水気をきって密封容器で3週間ほど漬ける。この間は毎日数回かき混ぜる。真子うるかは落ちアユの卵巣に塩を混ぜ、２週間漬ける。白子うるかはある程度乾かしてから塩漬けにする。

このわた

ナマコの腸の塩辛。腸には砂泥が残っているのでていねいにしごき取ってから塩漬けにする。塩がなじんだら翌日から食べられる。このわたの他に、ナマコの卵巣を塩漬けにした生くちこ、これを三角形に薄くのばして乾燥させたこのこ（ばちこ）など、ナマコからさまざまな珍味がつくられている。

イクラ醤油漬

サケの卵の醤油漬。9月から11月ごろまでがイクラの食べごろ。時期が遅くなると卵の膜が厚くなって食べにくくなる。ハラコ（卵巣）を1.5%の塩水に浸けてほぐし、水気をきってイクラ醤油（薄口醤油50cc、日本酒10cc、昆布3cm角1枚、カツオ節適量を沸かして漉し、冷ます。味加減は調整する）に2時間ほど浸けて用いる。

アマエビ卵塩辛

アマエビの卵を塩漬けにした珍味。卵を取り出して、卵の3%の塩を混ぜ、ザルに上げて水分をきって半日おく。空気にふれないよう瓶詰にすれば1〜2カ月もつ。卵だけでなく、アマエビも同様にして塩辛にできる。塩辛をつくるときの塩分濃度は3〜5%程度。

唐墨粕味噌飯蒸し

1　ボラの卵巣は塩水に2時間浸けて血抜きをしたのち、水気をふいて強塩をまぶし、3日間冷蔵庫におく。
2　1を水洗いして水気をふき、日本酒で洗って粕床（↓68頁）に2週間漬ける。
3　もち米は3時間浸水したのち、蒸し器で30分間蒸してボウルに移す。水塩をふって軽く混ぜ、さらに10分間蒸す。
4　もち米を盛り、薄切りにした1をのせ、天にかもじネギを添え、木ノ芽を散らす。

▼しっとりしたカラスミはもち米との相性がよい。

ボラの卵巣、塩水（塩分濃度1%）、塩、日本酒
粕床（酒粕7：白味噌3）
もち米、水塩*
かもじネギ、木ノ芽

*水1800ccに対して900gの塩を溶かしたもの。

揚唐墨

1　カラスミとサツマイモは薄切りにする。
2　カラスミは160℃、葛切は180℃の揚げ油で素揚げにする。葛切は短時間で取り出す。
3　サツマイモは140℃の揚げ油に入れ、少しずつ温度を上げてじっくりと火を入れる。それぞれ油をきって、盛りつける。

▼カラスミはこげやすいので注意する。

粕漬カラスミ（→50頁唐墨粕味噌飯蒸し）
サツマイモ、葛切
揚げ油

唐墨空豆粥和へ

1　ソラマメはサヤと皮をむく。90℃の塩水で90秒間ゆで、ザルに上げて冷ます。
2　粥和え衣を用意する。材料をすべてフードプロセッサーにかけて餅状にしておく。
3　薄切りにした粕漬カラスミとソラマメを粥和え衣にからめて、重ねて盛りつける。

▼混ぜずに重ね盛りにすると色鮮やかに仕上がる。

粕漬カラスミ（→50頁唐墨粕味噌飯蒸し）
ソラマメ、塩水（塩分濃度2%）
粥和え衣（ご飯100g、水30cc、塩2g、昆布粉1g）

粕漬カラスミ（→50頁唐墨粕味噌飯蒸し）
小イモ15個、米糠、煮汁（だし200cc、味醂25cc、薄口醤油5cc、塩1.5g）
ヤマトイモ、温泉玉子*の卵白、塩、ワケギ

*卵を常温に戻して、70℃を保った湯で20分間ゆでる。

唐墨里芋 芋頭巾

1　小イモを蒸し器で5分間ほど蒸し、布巾でこすって皮をむく。鍋に移し、水と一つかみの米糠を加えて火にかけ、柔らかくゆでる。

2　小イモをきれいな湯に移して2～3分間ほどゆでて糠臭さを抜く。別鍋に合わせた煮汁を注いで小イモを入れて火にかける。80℃で30分間煮含める。そのまま冷ます。

3　ヤマトイモをすりおろし、同量の温泉玉子の卵白をすり合わせて塩で味をつける。小口切りのワケギを混ぜる。

4　薄切りにしたカラスミ、2の小イモを盛り合わせ、3を上から掛ける。

▼小イモは80℃で煮含めると、煮汁がほとんど減らないので煮詰まらず味が濃くならない。

サワラの真子、塩水（塩分濃度1.5%）
塩、日本酒
姫ダイコン

鰆の唐墨 姫大根

1 サワラの真子を塩水に浸け、スプーンなどで血をしごいて血抜きする。
2 水気をふいてバットなどにたっぷりの塩を敷いて真子をのせる。上にも塩をたっぷりのせて真子を埋める。このまま冷蔵庫で3〜5日間おいて水分を抜く。
3 真子の水分が抜けてかたくなってきたら、日本酒で塩を洗う。網をのせたバットに並べて冷蔵庫に入れて1ヵ月風干しする。
4 取り出して薄切りにし、提供する。あしらいはゆでた姫ダイコン。

▼サワラの真子はボラのそれよりも一回り大きい。

生スジコ、塩水（塩分濃度1.5%）
漬け醤油（薄口醤油50cc、日本酒10cc、カツオ節1g、昆布2g）
トンブリ、ナガイモ、キュウリ

イクラとんぶり和へ

1　生スジコは塩水の中でほぐし、ザルにとって冷蔵庫で1時間水きりをする。
2　漬け醤油の材料をすべて合わせて火にかけ、一煮立ちしたらそのまま冷まして漉す。1を3時間ほど浸けてイクラ醤油漬をつくる。
3　トンブリは水に放し、軽く水洗いして水気をきっておく。ナガイモ、キュウリはあられに切って水に放って水気をきる。
4　器に2のイクラ、3のナガイモ、キュウリ、トンブリを盛り合わせる。

▼イクラ醤油漬の日持ちは2日間程度。

オクラ10本
イクラ醤油漬（→54頁イクラとんぶり和へ）　適量
卵黄1個分、薄口醤油5cc
ウニ、針海苔

雲丹おくら

1　オクラは熱湯でゆでて縦に切り、スプーンで中の種を取り除いてざく切りにし、フードプロセッサーにかける。
2　イクラ醤油漬と1のオクラ、溶いた卵黄を混ぜて、薄口醤油で味をつける。
3　2を器に盛ってウニをのせ、天に針海苔を添える。

▼イクラ醤油漬が喰い味。オクラと卵黄を合わせてあんにしてもよい。

イクラ醤油漬（→54頁イクラとんぶり和へ）
レンコン、酢、なます酢（だし3：酢2：砂糖1：塩0.1）
エビ、塩湯（塩分濃度1.5%）
ゆでたオクラ、スダチ

イクラ蓮根膾

1　レンコンは皮をむいて薄い輪切りにし、3%の酢を入れた湯でゆでる。火が通ったら冷水にとって水気をふき、沸かして冷ましたなます酢に2時間ほど浸ける。
2　エビは頭と背ワタを抜いて、70℃の塩湯で5〜6分間ゆでる。粗熱がとれたら殻をむき、イクラ、レンコンと和えて、輪切りのオクラとスダチを添える。

▼喰い味はイクラ醤油漬のみ。

百合根イクラ掛

1　百合根は1片ずつばらし、煮くずれないようにゆでて湯をきる。チシャトウは皮をむいて3cmに切って半分に割り、熱湯で色よくゆでたのち、昆布を差した塩水に30分間浸す。
2　イクラ塩漬は薄い塩水に浸して塩抜きし、ザルに広げて水気をきる。浸け地を一煮立ちさせて冷まして漉し、イクラを1時間ほど浸ける。
3　2を盛り、百合根とチシャトウを添える。
▼塩漬を醤油漬に仕立て直す方法。浸け時間は好みで調節。

百合根
チシャトウ、昆布、塩水（塩分濃度1.5%）
イクラ塩漬、塩水（塩分濃度1%）
浸け地（醤油5：日本酒1、カツオ節適量）

零余子海胆和へ

1　ムカゴは蒸して薄皮をむく。三ッ葉はサッとゆでて3cm長さに切りそろえる。
2　ウニ衣をつくる。塩ウニを裏漉しする。練り酒粕も裏漉しする。これを同量ずつ合わせて卵黄を混ぜ、コクをつける。
3　生ウニを1粒ずつはずして蒸し器で蒸す。
4　1を2で和えて盛りつけ、3を添える。
▼ウニ衣はムカゴの他にタケノコ、百合根など淡白なものと合わせるとよい。

ムカゴ、三ッ葉
生ウニ
ウニ衣（塩ウニ100g、練り酒粕100g、卵黄2個分）

シメジタケ、煮汁（だし15：薄口醤油1：日本酒0.5）
セロリ
紅葉和え衣（卵黄4個分、甘塩タラコ100g）

湿地紅葉和へ

1　シメジタケは石づきを切り落としてほぐし、熱湯でサッと霜降りをしたのち、煮汁で軽く沸かしてそのまま冷まして味を含める。
2　セロリはスジをむいて10㎝に切りそろえ、熱湯にくぐらせて色出しをする。冷水にとって水気をふいておく。
3　紅葉和え衣を用意する。卵黄をボウルに溶きほぐし、湯煎にかけて泡立て器で撹拌し、黄味酢のようなとろみをつける。火からおろし、ほぐした甘塩タラコを混ぜる。
4　セロリの上に3を掛け、1のシメジタケを盛りつける。
▼セロリの色出しは食感を損なわないよう短時間で。

蟹親子和へ

1　セイコガニは外子をはずし、蒸し器で15分間蒸して冷ます。外子は生のままほぐして半量ほどの醤油に30分間浸したのち、醤油をしぼり、脱水シートに1時間挟んで汁気を除く。
2　蒸したセイコガニの身と内子をほぐす。三ッ葉はサッとゆでて3㎝に切りそろえる。
3　2の身と内子、三ッ葉を1の外子で和えて殻に盛る。

▼外子は醤油のかわりに3％の塩をしてザルに上げ、1時間おいて水気をしぼって和えてもよい。

セイコガニ、醤油
三ッ葉

シメジタケ、煮汁（だし15：薄口醤油1：日本酒0.5）
シュンギク
練り酒盗（酒盗大さじ1、卵1個）

湿地練酒盗和へ

1　シメジタケは食べやすくほぐし、熱湯でサッと霜降りをしたのち、合わせた煮汁で軽く煮てそのまま冷ます。
2　シュンギクは葉をむしり、熱湯でサッとゆでて食べやすく切り、冷めた1の中に入れる。
3　練り酒盗をつくる。酒盗は薄い塩水でほどよく塩抜きをし、サラシに包んで水気をしぼる。卵を割りほぐし、酒盗を合わせて湯煎にかけて泡立て器で撹拌し、マヨネーズ状にとろみをつける。
4　シメジタケとシュンギクの汁気をきり、3の練り酒盗で和える。

▼酒盗は卵を合わせるとクセがやわらぎ、食べやすくなる。卵黄のみでつくるとボソボソするので、全卵でしっとりと仕上げる。

真子ウルカ、塩水（塩分濃度1％）
ナガイモ、オクラ、塩
シュンギク、菊花黄、菊花紫、酢
土佐酢（だし3：酢2：薄口醤油1：味醂1）
スダチ

うるか彩り和へ

1　真子ウルカを、薄い塩水に浸けて塩抜きをする。何度か塩水をとりかえる。
2　ナガイモはあられに切る。オクラは板ずりして熱湯でゆで、縦半分に切ってスプーンで中の種をかき落として包丁で細かくたたく。
3　シュンギクの葉は熱湯でゆでて冷水にとる。水気をしぼって2.5cm長さに切りそろえる。
4　菊花は花びらをむしり、それぞれ別に3％の酢を加えた酢水でゆでて水にとる。水気をしぼったのち、沸かして冷ました土佐酢に浸ける。
5　器にウルカ、ナガイモ、オクラを盛り、シュンギクと菊花を混ぜて添える。スダチを添える。

▼塩抜きは真水よりも薄い塩水を使うと旨みが抜けずにほどよく塩抜きできる（呼び塩）。

煎りなまこ このわた掛

1　赤ナマコは天地を切り落とし、中の内臓を抜いて水洗いする。小口から1.5㎝長さに切って鍋に入れ、浸るくらいの日本酒を注いで火にかける。一煮立ちし始めたら取り出す。
2　器に1のナマコを盛り、刻んだコノワタを掛ける。ゆでた軸三ッ葉を添え、おろしたヤマトイモを掛ける。

▼ナマコは完全に火が通る一歩手前、8割程度火を入れると柔らかく食べられる。

赤ナマコ、日本酒
コノワタ
ヤマトイモ、軸三ッ葉

甘海老黄味親子和へ

1　アマエビは頭と殻をむき、卵を分ける。エビは薄塩をふって20分間ほどおく。卵は2％の塩を混ぜ、ザルに上げて水分をきって半日おく。
2　卵黄をボウルに入れて湯煎にかけ、泡立て器で絶えず攪拌してとろりとさせる。
3　1の卵塩漬の水気をしぼり、2に入れて混ぜ合わせる。スダチ汁を少量たらし、アマエビ、ゆでた軸三ッ葉を和えて盛りつける。

▼卵塩漬は密封容器などで1〜2カ月日持ちする。

アマエビ、アマエビの卵、塩
卵黄
スダチ汁
軸三ッ葉

アマエビ、アマエビの卵、塩
ナガイモ、塩水（塩分濃度1.5%）
なます酢（だし3：酢2：味醂1：塩0.1）
軸三ッ葉

長芋碧和へ

1　アマエビの卵を取り出し、3%の塩をまぶしてザルに広げ、1時間おいたのち布巾に包んで汁気をきる。
2　アマエビは殻をむき、3%の塩をあててザルに広げて1時間おいたのち、布巾でしぼって1の卵と合わせて瓶などに詰めて冷蔵保存する。1日おくと塩がなじむ。
3　ナガイモは拍子木に切って塩水に30分間浸したのち、沸かして冷ましたなます酢に30分間浸ける。
4　ナガイモとゆがいた軸三ッ葉を盛り、塩漬のアマエビと卵を添える。

▼塩辛類は保存する場合、3～5%の塩で漬けるとよい。

鱧の塩辛

1　ハモの腹から真子を取り出し、塩水に浸けて血抜きをする。水気をふいて5%の塩をあててザルにのせ、水分をきりながら1日おく。
2　保存ビンに入れて常温におく。真子は1の処理をしてビンに入れて混ぜながら継ぎ足していく。時折混ぜると味が均等になる。常温におかないと発酵が進まない。
3　器に少量を盛り、浜防風を添える。

▼ハモは6～8月に真子が腹に入る。この時期に仕込む酒肴。暑い時期は冷蔵庫で発酵させる。

ハモの真子、塩水(塩分濃度1%)、塩
浜防風

芹烏賊肝和へ

1 セリは熱湯でサッとゆでて水にとり、水気をきっておく。
2 烏賊肝和え衣をつくる。肝と墨を裏漉しし、醤油、味醂を加えて弱火で練って火を通し、冷ましておく。
3 セリの水気を軽くしぼり、3cmに切りそろえて盛りつける。2を掛けて供する。

▼イカの身を70℃で8割ほど火を通して友和えにしてもよい。

セリ
烏賊肝和え衣（スルメイカの肝と墨合計50g、醤油30cc、味醂20cc）

のびる海老味噌和へ

1 海老味噌をつくる。アマエビの頭部のワタのみを取り出し、日本酒を合わせて火にかけて練る。グツグツしてきたら火を弱める。汁気がなくなってきたら、たまり醤油を入れて仕上げる。
2 ノビルは掃除をしてサッと霜降りして切りそろえる。
3 ノビルに海老味噌を添えて供する。

▼ノビルのかわりにシャキッと歯応えのあるタケノコやウド、セロリなども合う。

海老味噌（アマエビのワタ1：日本酒1：たまり醤油0.1）
ノビル

菜の花蟹味噌掛

1　菜ノ花を穂先から5cmに切り、70℃の湯で90秒間ゆでて冷水にとり、水気をしぼる。
2　菜ノ花と温泉玉子の卵黄を盛り合わせ、上からボイルした蟹味噌と内子を掛ける。

▼温泉玉子の卵黄を合わせると、まろやかになる。菜ノ花は70℃でゆでるとさわやかな辛味を出すことができる。

菜ノ花
蟹味噌、内子
温泉玉子*の卵黄

*卵を常温に戻して、70℃を保った湯で20分間ゆでる。

氷頭なます

1　サケの鼻先の軟骨を取り出して酢に浸す。皮と身を除いて薄切りにする。水洗いして甘酢に浸す。甘酢は沸かし、冷ましたもの。
2　ダイコンとダイコンの1/5量のニンジンを鬼おろしで粗くおろし、塩水に30分間浸したのち、水気をしぼって甘酢に浸す。
3　提供直前に1と2を合わせ、ゆがいた軸三ッ葉、繊切りのユズを混ぜて盛りつける。

▼サケは酢に浸けて生臭みを除き、掃除してから甘酢で味をつける。

サケの頭部、酢
ダイコン、ニンジン、塩水（塩分濃度1.5%）
甘酢（水50cc、酢25cc、砂糖10g、塩適量）
軸三ッ葉、ユズ

海鼠芹浸し

1　ナマコはクチバシと肛門を切り落とし、縦半分に切って内臓を取り出して洗う。小口から1㎝幅に切っておく。

2　ほうじ茶を抽出して70℃に冷まし、1のナマコを50～60秒間浸す。ナマコを冷水で洗って水気をきり、浸し地にくぐらせる。浸し地はだしに調味料を加えて一煮立ちさせ、追ガツオをして漉し、冷ましたもの。

3　提供時に2のナマコ、ゆでて切りそろえたセリを混ぜて盛りつける。天に針ユズを添える。

▼ナマコの色出しは長く浸けるとかたくなる。

ナマコ、ほうじ茶茶葉
浸し地（だし5：酢1.5：味醂1：醤油1：砂糖0.2、追ガツオ）
セリ、針ユズ

漬ける・締める展開

床や酢、醤油などに漬けたり、昆布で締めるのは、古くからの仕事ですが、流通の向上に伴って「漬ける・締める」という作業の意味がかわってきました。

以前は保存性を高めるため、あるいは鮮度が落ちやすいもののくさみをマスキングするためでしたが、水揚げして翌日に入手できるようになった現代では、食材の特徴を殺さずに生かしつつ旨みを凝縮するという、バランスをとることが大事になってきました。

発酵した床に漬けて熟成させた独特の旨みを引き出すためには、床の材料や塩加減なども大事になってきます。

粕漬

粕床の配合＝酒粕7＋白味噌3

粕床、味噌床などに漬けるときに、あらかじめ塩をあてるのは、味の道をつくるため。塩をあてて水分を抜いておかないと、うまく味が入っていきません。

また床はかために調整すると、漬かるのに時間がかかります。逆に酒で割ってゆるめれば早く漬かるのです。仕込んでからどれくらいで使いたいかを逆算して濃度を調整するといいでしょう。

酒粕の旨みや香りは、酒をよりおいしく飲ませてくれます。

［粕床づくりと漬け方］

1　漬ける魚を切り身にしてバットに並べ、塩をあてて1時間おく。味噌を入れずに酒粕のみで漬ける場合は強めに塩をあてておく。

2　酒粕をすり混ぜ、白味噌を加えて混ぜる。

3　粕床を一文字を使って薄く平らにのばす。

4　ガーゼを敷いて、酒で洗って水気をふいた魚を並べる。

5　魚の上にガーゼをかぶせて、粕床でおおう。

6　一文字で平らにのばして、丸1日漬ける。

昆布締め

昆布締めは、昆布で魚介などを挟んで水分を抜き、旨みを凝縮しつつ、魚介に昆布の旨みを移すために行なう調理法。締めてから時間をおけばおくほど昆布の味は強くなるのですが、いくら長くても2〜3時間が限度でしょう。これ以上時間をおくと、昆布くさくなって魚介の味が打ち消されてしまううえ、魚から過度に水分が抜けてしまいます。

あくまでも魚介を生かすことを考えなければなりません。なお昆布締めした魚介で和え物や向付などをつくると、酒によく合う酒肴の一品となります。

[昆布締めのし方]

1 魚は三枚におろして皮をひいておく。バットに薄塩をふり、魚をおき、上からさらに薄塩をふって30分間おく。

2 生臭みをとり、殺菌するために酢洗いする。

3 酢をふいておく。

4 味をなじませ、柔らかくするために昆布も酢でふいておく。

5 昆布で魚を挟む。

6 もう1枚同じサイズのバットを重ねて軽い重しをする。2〜3時間締める。

酢締め

酢によって魚介の表面のタンパク質を固めて保存性を高めるための調理法。酢による防腐効果もあります。

酢に浸す前に塩をあてますが、キスやサヨリなどの身が薄い魚は、塩水に浸したほうが、塩を直接ふるよりもまんべんなく塩が回ります。

このあと酢に浸けますが、魚の中まで真っ白くなるほど長時間浸けすぎるとボソボソになってしまいますので注意してください。三枚におろしたアジならば5分間、サバならば20分間が目安です。

余談ですが、スモークサーモンをつくるとき、酢を同量の水で割って浸けたのち燻煙にかけると、旨みが増します。

[酢締めのし方]

1 アジは三枚におろして皮をつけたまま薄塩をしたバットに並べ、さらに上から塩をふって20分間おく。

2 バットに酢を注ぎ、水気をふいたアジを浸す。上からキッチンペーパーをかぶせて全体に酢を回し、5分間おく。

3 取り出して酢をふく。

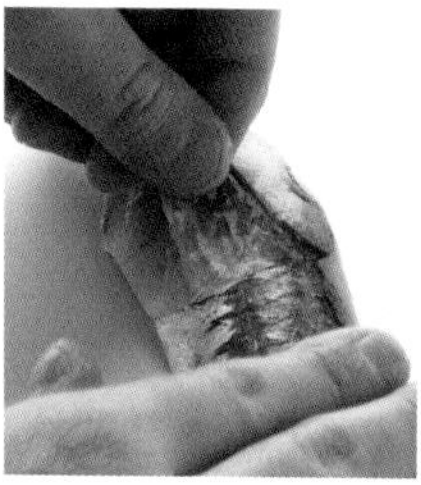

4 小骨を抜いて頭のほうから手で皮をむく。酢に浸ける前に皮をひいたり小骨を抜くと、酢が入りすぎてしまうので、最後に。

漬け

漬け醤油＝
薄口醤油2＋日本酒1＋味醂1

始まりはすしネタで、冷蔵庫がなかった昔、マグロの保存性を高めるために「漬け」にしたのだそうです。

ここでは80℃の湯（タンパク質が凝固し始める温度）で表面のみに火を入れてタンパク質を固めてから漬け醤油に浸けました。

湯霜せずに漬けてもいいですが、醤油が入りすぎてマグロの赤身が黒くなり、鮮度が落ちて見えてしまいますし、湯霜をすれば、醤油が入りにくくなり表面の白い色と切り口の赤い色の対比が美しい酒肴となります。

［漬けのつくり方］

1　漬け醤油を合わせて沸かし、アルコールを飛ばして冷ましておく。

2　湯を80℃に熱し、さく取りしたマグロを入れる。表面のみが白くかわったら取り出す。

3　これ以上火が入らないように、氷水に移して急冷する。

4　水気をふいて、漬け醤油を注いだバットにマグロを入れる。

5　上からキッチンペーパーをかけて、全体に醤油を回して15分間おく。

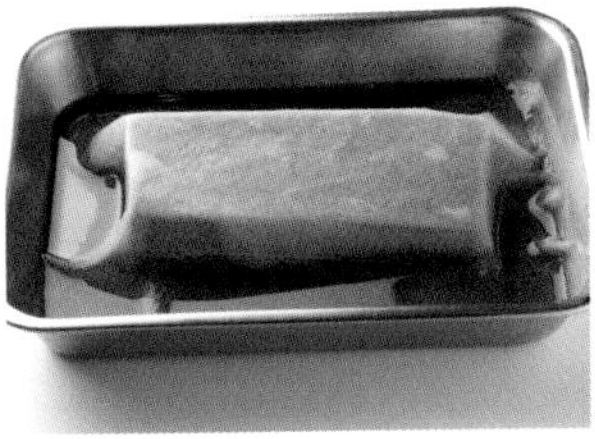

6　取り出して汁気をふいて切り出す。

カキむき身、粕床（練り酒粕7：白味噌3）
焼海苔
オクラ、塩

牡蠣粕漬 海苔和へ

1　カキは熱湯でサッと霜降りをして冷水にとり、水気をふく。バットに並べて60℃のスチームコンベクションオーブンのスチームモードで60分間加熱する。
2　1のカキをガーゼで包み、練り酒粕と白味噌を混ぜ合わせた粕床に漬けて冷蔵庫で最低2日間ほどおく。1カ月ほど日持ち可。
3　オクラは板ずりして熱湯で色よくゆで、冷水にとって水気をふく。縦半分に切り、スプーンで種を取り除き、包丁で細かくたたいて粘りを出す。
4　2のカキと刻んだ焼海苔を混ぜ、天に3のオクラを盛る。

▼混ぜたらすぐに提供する。

平貝の粕漬

1　タイラ貝は殻をはずして掃除をし、横半分にそぐように切る。3％の塩をあてて1時間おく。
2　粕床を用意する。練り酒粕と白味噌を合わせてよく混ぜる。1のタイラ貝を日本酒で洗ってガーゼで包み、粕床に2週間漬ける。
3　粕床から取り出して盛りつける。
▼タイラ貝は余分な水分を抜いてから粕床に漬ける。

タイラ貝、塩、日本酒
粕床（練り酒粕7：白味噌3）

ふかひれステーキ

1　バットにフカヒレを並べ、青ネギ、薄切りのショウガを上にのせて日本酒をふり、蒸し器で15分間蒸す。取り出してザルに上げ、汁気をきりながら冷ます。

2　1のフカヒレをガーゼに包み、練り酒粕と白味噌を混ぜ合わせた粕床に2日間漬け込む。

3　フカヒレを取り出し、薄くサラダ油をひいたフライパンで両面を強火で焼く。最後に斜めに薄く切ったワケギの青い部分を入れ、サッと色がかわったら取り出して盛りつける。

▼フカヒレは長く漬けると色がやや濃くなってくるが、1カ月くらいおいしく食べられる。

戻し済フカヒレ、青ネギ、ショウガ、日本酒
粕床（練り酒粕7：白味噌3）
サラダ油
ワケギ

鶏親子合せ

1　鶏もも肉に塩、コショウをして30分間おいたのち、ダイコンおろしをのせて、ごく弱火の蒸し器で60分間蒸す。取り出して冷めたらダイコンおろしを除く。
2　鶏もも肉をガーゼで包んで、練り酒粕と白味噌を混ぜ合わせた粕床に2日間漬け込む。
3　温泉玉子の卵黄を取り出して4等分に切り分ける。
4　2の鶏もも肉をそぎ切りにして3の卵黄を間に挟んで盛りつけ、味噌だれを掛ける。

▼ダイコンおろしは、蒸し上げた後に水分が蒸発するのを防いでしっとりと仕上げるためにのせる。

鶏もも肉、塩、コショウ、ダイコンおろし
粕床（練り酒粕7：白味噌3）
温泉玉子（→32頁蒸し鶏親子和へ）
味噌だれ*（信州味噌50g、豆乳40cc、長ネギみじん切り30g）

*材料をすべてよく混ぜ合わせる。

長芋ヨーグルト漬とんぶり和へ

1　ナガイモは皮つきのまま火にかざして細い根を焼ききり、縦4等分に切る。塩をまぶして10分間おき、水洗いして水気をふいて皮をむく。

2　ヨーグルト床を合わせて1を3時間漬けたのち水洗いする。

3　トンブリを水に放して水気をきり、食べやすく切った2のナガイモ、ゆでた三ッ葉を和えて盛り、ショウガ汁をふる。

▼ヨーグルト床に漬ける材料は何でも応用できる。

ナガイモ、塩
ヨーグルト床（信州味噌3：プレーンヨーグルト1）
トンブリ、三ッ葉、ショウガ汁

鮪漬山掛

1　マグロをさく取りし、80℃の湯に浸ける。表面が白くなったら氷水にとって水気をふく。

2　漬け醤油を合わせ、1のマグロを20分間浸ける。

3　マグロの汁気をふいて切り出し、すりおろしたヤマトイモを掛け、ワサビを添える。

▼湯霜せずに漬け醤油に浸ける場合は2分間ほどで。ここでは山掛にするので、醤油は濃口で。

マグロ、漬け醤油（醤油1：煮きり味醂0.5）
ヤマトイモ
ワサビ

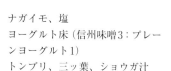

鱚昆布締め 加減酢ゼリー掛

1　キスは三枚におろして腹骨をそぎ取る。塩水に20分間浸したのち酢洗いし、昆布で挟んで2時間締める。

2　加減酢の材料を合わせて一煮立ちさせて漉す。３００ccの加減酢に５gの粉ゼラチンを溶かして冷やし固める。

3　１のキスとキュウリを幅５㎜、長さ３㎝の細切りにし、錦糸玉子と合わせる。２のゼリーをくずして和える。

▼ゼリーは口の中で溶けるようにゆるめに寄せる。

キス、塩水（塩分濃度2%）、酢、昆布
加減酢（だし７：酢１：薄口醤油1、追ガツオ）300cc
粉ゼラチン5g
錦糸玉子*、キュウリ

*全卵２個、卵黄１個分、薄口醤油2.5cc、砂糖大さじ1/2を混ぜ合わせて漉し、フライパンで薄焼玉子を焼いて、繊切りにする。

シロウリ、塩水（塩分濃度2%）、
昆布、酢
白身魚、塩、酢、昆布粉
黄味酢（卵黄3個分、酢15cc、
薄口醤油5cc、砂糖大さじ1）

印籠白瓜黄味酢掛

1　シロウリの天地を切り落とし、6㎝長さに切りそろえる。打ち抜きで種を抜き、昆布を差した塩水に2時間浸ける。取り出して重しをかけ、転がして繊維を柔らかくしてしんなりさせる。内側は酢洗いする。

2　白身魚は三枚におろし、薄塩をあてて30分間おく。軽く酢洗いして汁気をふき、シロウリに合わせてさく取りする。

3　2の白身魚に昆布の粉をまぶして、シロウリに射込む。ラップフィルムで巻いて3時間なじませる。

4　黄味酢をつくる。すべて合わせて湯煎にかけ、泡立て器で撹拌する。とろみがついたら火を止めて冷ましたのち漉す。

5　3を小口から切り出して盛りつけ、黄味酢を添える。

▼白身魚に昆布粉をまぶすとシロウリに密着しやすくなり、旨みも加わる。

サバ、砂糖、塩、酢
菊あん(だし7：酢1：薄口醤油1、追ガツオ、水溶き片栗粉、シュンギク、菊花黄、菊花紫、カボス汁)
スダチ

〆鯖焼叩き

1　サバは三枚におろす。砂糖をたっぷりまぶして40分間おいたのち砂糖を取り除き、塩をまぶして1時間おく。水洗いして酢に20分間浸けたら取り出しておく。

2　菊あんをつくる。シュンギクは葉をちぎり、熱湯で色よくゆでて水にとって1cmに切りそろえる。2色の菊花は花びらをむしり、酢(分量外)を入れた湯で別々にゆでて水に放つ。水気をしぼってシュンギクと合わせる。

3　だしに酢、薄口醤油を合わせて一煮立ちさせ、追ガツオして漉す。水溶き片栗粉でとろみをつけて冷ます。冷えたらカボス汁、2を混ぜる。

4　サバに串を打って皮目をあぶり、熱いうちに切り分けて盛りつけ、3の菊あんを掛ける。スダチを添える。

▼サバは砂糖で脱水してから塩で味を入れる。いきなり塩で脱水すると塩味が入りすぎてしまう。

加工品の展開

既製の加工品は、使い方次第で人気の酒肴となります。加工品は保存性を高めるために、一般的に味が濃く、かたくできています。そしてだれもがおいしいと感じてもらうために、アミノ酸が添加されている商品が大半です。こうした特徴をうまくやわらげる工夫がポイントです。

たとえばハムとチーズに味のない焼海苔を巻くと塩味がやわらぎます。またはんぺんに卵を加えてフードプロセッサーにかけてすり身をつくってみてください。とても味のよいすり身ができます。缶詰などを使うときは、濃い味を薄めてみてください。

また魚肉ソーセージなどは油で焼けばおいしくなることは、だれもが知っていること。だれもが美味しいとわかっている調理を酒肴にうまく取り入れると、仕込みの労力が軽減されたり、意外性のある新しい味に出会えることでしょう。

ウナギ蒲焼
翡翠ナス（ナス、サラダ油）
白そぼろ（卵白1個分、
ショウガみじん切り30g、
塩少量）

鰻蒲焼 翡翠茄子
白そぼろ掛

1 翡翠ナスをつくる。ナスはガクを切り落とし、縦半分に切って皮側を下にして170℃に熱したサラダ油に入れる。火が通ったら裏返して軽く火を入れて氷水にとる。手早く皮をむいて水気をふく。

2 白そぼろをつくる。卵白を角が立つまで泡立て器で泡立てて、ショウガ、塩少量を加えてバットに移し、蒸し器で3分間ほど蒸す。火が通ったら箸でほぐす。

3 長さ4cmに切りそろえたウナギ蒲焼とナスを交互に盛り、白そぼろを上にのせる。

▼ウナギとナスの食感を合わせると口の中で一体に。

鰻焼茄子 山掛

1　ナスは箸で数か所穴をあけ、網で全面を焼いて水にとる。熱いうちに皮をむいてすぐに取り出し、水気をふく。手で一口大に割く。

2　ウナギだれを用意する。材料を合わせて火にかけ、2割ほど煮詰める。

3　一口大に切りそろえたウナギ蒲焼とナスを盛り合わせ、ウナギだれをたらし、すりおろしたヤマイモを掛けて天にワサビを添える。

▼ウナギと相性のよいヤマイモを合わせ、双方に合うワサビで味をつないだ一品。

ウナギ蒲焼
ナス
ウナギだれ（醤油100cc、味醂100cc、ザラメ糖60g）
ヤマイモ、ワサビ

サーモンアスパラ巻

1　グリーンアスパラガスを熱湯で色よくゆでて水気をきり、適当な長さに切りそろえる。
2　黄味酢をつくる。すべてを合わせて湯煎にかけ、泡立て器で撹拌する。とろみがついたら火を止めて冷ましたのち漉す。黄味酢にヨーグルト適量を混ぜる。
3　穂先寄りのアスパラにスモークサーモンを巻いて、2の黄味酢を掛ける。

▼マヨネーズがわりに黄味酢を掛けた。ヨーグルトを混ぜてまろやかな味わいに。

スモークサーモン
グリーンアスパラガス
黄味酢（卵黄3個分、酢15cc、薄口醤油5cc、砂糖大さじ1）、ヨーグルト適量

スモークサーモン
シュンギク、菊花黄、菊花紫、濃いめの吸い地
薄焼玉子*
吉野酢（だし3：酢2：薄口醤油1：味醂1、水溶き片栗粉）

*全卵2個と卵黄1個分、薄口醤油2.5cc、砂糖大さじ1/2を混ぜ合わせて漉す。温めたフライパンに少量流し、卵液がフツフツしてきたら裏をサッと焼いて取り出す。焼き色はつけないこと。

鮭錦繍巻 吉野酢

1 シュンギクの葉を熱湯でサッとゆでて水にとる。菊花は花びらをむしって、二色別々に酢を入れた熱湯（分量外）でゆでて水にとる。シュンギクを細かく切り、菊花の水気をしぼって合わせ、濃いめの吸い地に浸けておく。

2 スモークサーモンは薄くそぎ切りにする。巻簾にラップフィルムを敷いて薄焼玉子、サーモンの切り身を重ねる。1の汁気をしぼり、これを芯にして巻き寿司の要領で巻く。両端を整えて輪ゴムで留めてなじませる。

3 吉野酢を用意する。だし、酢、薄口醤油、味醂を合わせて火にかけ、沸いたら水溶き片栗粉でとろみをつけて常温まで冷ます。

4 2を食べやすく切り分けて盛りつけ、断面に3の吉野酢をぬる。

▼巻いてから30分間冷蔵庫で締めるとサーモンが切りやすくなる。

サバ水煮（缶詰）
レンコン地（レンコンすりおろし130g、豆乳50cc、薄口醤油10cc、ショウガみじん切り小さじ2、長ネギみじん切り大さじ2）
ミニトマト、青パプリカ
コショウ

鯖水煮 蓮根グラタン

1 レンコン地をつくる。鍋にすりおろしたレンコン、豆乳、薄口醤油を合わせて火にかけ、木杓子で練る。レンコンに火が通ったらショウガ、長ネギを混ぜる。

2 ミニトマトは湯むきし、青パプリカは2cm幅、2.5cm長さに切りそろえて霜降りする。

3 宝楽鍋にサバ水煮とミニトマト、青パプリカを盛り、天火で焼き目をつける。

4 サバが熱くなったら、コショウをふり、1のレンコン地を掛けて再度オーブンで焼く。焼き目がついたら提供。

▼レンコンのとろみを生かしたソース。サバには火が入っているので下処理要らずの手軽な一品。

雑魚炒り煮

1　万願寺唐辛子は小口から1㎝長さに切る。焼海苔と大葉は手でちぎる。
2　フライパンにサラダ油を熱し、万願寺唐辛子を炒め、色鮮やかな緑にかわったら取り出す。同じ鍋でチリメンジャコを炒め、油がなじんだら取り出す。
3　2の鍋を熱して薄口醤油をこがし、1の万願寺唐辛子、2のチリメンジャコを戻してから め、焼海苔、大葉を混ぜて白煎りゴマをまぶす。

▼フライパン一つで手早くできる酒肴。醤油のこがした香りが効いた一品。

チリメンジャコ50g、万願寺唐辛子50g
焼海苔2枚、大葉5枚、白煎りゴマ大さじ2
薄口醤油10cc、サラダ油10cc

雑魚萬煮

1　チリメンジャコと松ノ実はそれぞれフライパンで乾煎りする。シシトウは小口切りにする。
2　煮汁を合わせて火にかける。泡が大きくなって煮詰まってきたら水飴を入れる。水飴が溶けたらチリメンジャコと松ノ実を入れてからめ、最後に青海苔とシシトウを入れて仕上げる。

▼具沢山なので萬煮とした。季節に合わせてシシトウガラシを別の食材にかえてもよい。

チリメンジャコ50g、松ノ実50g、青海苔5g、シシトウガラシ25g
煮汁（日本酒100cc、味醂50cc、砂糖50g、薄口醤油30cc）、水飴50g

はんぺんチーズ焼

1　はんぺんを遠火で焼く。表面に薄く焼き色がついたら、チーズをのせる。
2　チーズが溶けてきたら溶いた卵黄を刷毛でぬって乾かす。乾いたら再度卵黄をぬる。これを何度かくり返して、艶やかに仕上げる。
3　これを角に切り分けて盛りつける。

▼冷めてからも美味。チーズが溶け落ちないように卵黄を上にぬっておさえる。

はんぺん
とろけるスライスチーズ
卵黄

ハムチーズ市松

1　ハムとプロセスチーズを1cm角の棒状に切りそろえて、断面が市松模様になるように組み合わせ、周りを焼海苔で巻く。
2　海苔の端を溶いた卵白で留め、熱したフライパンの上で転がす。
3　小口から切り、盛りつける。

▼最後にフライパンで焼くと、海苔が締まる。

ハム
プロセスチーズ
焼海苔、卵白

蒸し鮑 肝チーズ掛

1　アワビは塩をまぶし、タワシでみがく。バットに並べてダイコンおろしをのせ、20分間蒸す。
2　冷めたらダイコンおろしを除き、肝をはずして裏漉しする。肝はクリームチーズとすり合わせて火にかけて温め、水とだしと醤油で味を調え、水溶き葛粉でとろみをつけて肝チーズとする。
3　アワビを薄切りにして、水気をふいた翡翠ナスと交互に盛り、肝チーズを掛ける。

▼肝の苦みがチーズでまろやかになる。

アワビ、塩、ダイコンおろし
翡翠ナス（→82頁）
肝チーズ（クリームチーズ100g、アワビの肝70g、水80cc、だし80cc、醤油10cc、水溶き葛粉適量）

身欠ニシンソフト
煮汁（だし4：日本酒2：水2：醤油1：味醂1：砂糖0.5）
とろけるスライスチーズ、卵黄
おろしショウガ

鰊チーズ焼

1　身欠ニシンは腹骨を包丁でそぎ取って平串を打つ。皮目を直火で焼き、出てきた脂を氷水で洗って水気をふき、バットに並べておく。
2　煮汁の材料を合わせて沸かし、1のバットに注いで蓋をし、20分間蒸し器で蒸し煮にする。
3　2のニシンを一口大に切り、ニシンのサイズに合わせてスライスチーズを切ってのせ、上火で焼く。チーズが溶けたら溶いた卵黄をぬって上火で乾かす。2～3回くり返してぬって光沢をつける。おろしショウガを添える。

▼とろけるチーズを卵黄でコーティングして中にトロトロのチーズを閉じ込める。

ギンナン、揚げ油
クリ、米糠、クチナシ
煮汁（だし8：味醂1：薄口醤油0.5）
チーズ和え衣（クリームチーズ200g、ショウガみじん切り20g、薄口醤油5cc、黒コショウ適量）

銀杏と栗のチーズ和へ

1　ギンナンは殻をむいて160℃の揚げ油で1～2分間揚げて取り出し、薄皮をむく。
2　クリは鬼皮と渋皮をむいて、米糠一つかみとクチナシを入れて火にかける。柔らかくなったら水にさらす。さらに水からゆで、沸いたら水気をきる。
3　合わせた煮汁で2のクリを10分間ほど煮含める。
4　チーズ和え衣を用意する。クリームチーズは常温に戻し、みじん切りのショウガ、薄口醤油、黒コショウを混ぜる。
5　1のギンナンと3のクリをチーズ和え衣で和える。

▼チーズ和え衣はショウガと黒コショウで味を締めた。

ピータン2個、百合根1株
クリームチーズ200g、薄口醤油適量、粉ゼラチン5g
黄味辛子酢（黄味酢*、溶き辛子）、浜防風

*卵黄3個分、酢15cc、薄口醤油5cc、砂糖大さじ1。

ピータンチーズ

1　ピータンは殻をむいて卵白と卵黄に分ける。それぞれ細かく刻む。百合根は1枚ずつばらし、細かく刻んで熱湯でサッとゆでてザルに上げる。
2　クリームチーズは常温に戻して練り、1のピータンと百合根を混ぜる。
3　2に溶かした粉ゼラチンを加えてよく混ぜ、薄口醤油で味を調えて流し缶に流して冷やし固める。
4　黄味辛子酢をつくる。黄味酢の材料をすべて合わせて湯煎にかけ、泡立て器で撹拌する。とろみがついたら火を止めて、冷ましたのち漉す。適量の溶き辛子を混ぜる。
5　ピータンチーズを切り出して盛り、黄味辛子酢を添える。浜防風をあしらう。

▼百合根のほっくりした食感がポイント。適切なゆで加減が大事。

ベーコン菜種焼

1　菜種地をつくる。オカラを細目のすいのうに入れて水の中でもむ。この水をサラシで漉して水気をしぼる。
2　鍋に1で漉し取ったオカラ、卵黄、薄口醤油を入れて火にかけ、シャモジでしっとりとするように練る。
3　厚切りのベーコンを食べやすく切ってフライパンで焼く。焼き目がついたら2の菜種地をのせてさらに焼く。地が温まったら器に盛って木ノ芽を添える。

▼菜種地でベーコンの塩味がやわらぐ。

厚切りベーコン
菜種地（漉したオカラ100g、卵黄2個分、薄口醤油5cc）
木ノ芽

木綿豆腐、塩
クリームチーズ
龍飛昆布
万願寺あん（万願寺唐辛子50g、ご飯20g、豆乳30cc、塩0.5g）

豆腐チーズ龍飛押し万願寺あん掛

1　万願寺あんを用意する。万願寺唐辛子は焼き色がつくように表面だけ直火で焼き、氷水に浸けて焼けた皮を取り除く。細かく切り、温かいご飯、豆乳、塩とともにミキサーにかけてあんをつくる。

2　豆腐を1cm厚さにそぎ、両面に薄く塩をふって冷蔵庫で3時間ほどおいて水気を抜く。

3　押し枠の中に龍飛昆布を敷き、その上に2の豆腐をのせ、龍飛昆布、クリームチーズ、龍飛昆布、豆腐、龍飛昆布の順に重ねる。上から押して冷蔵庫で1時間ほどなじませる。

4　3を切り分けて盛りつけ、1を掛ける。

▼間に挟んだチーズがアクセント。あんの万願寺唐辛子を別の野菜にかえれば1年を通して使える。

万願寺唐辛子100g、木綿豆腐200g、生キクラゲ50g、長ネギ1/2本
薄口醤油15cc、カツオ節10g、サラダ油15cc
カツオ節

万願寺炒り豆腐

1　万願寺唐辛子は小口から2㎝長さに切る。木綿豆腐はザルにのせて軽く水気をきる。生キクラゲは熱湯でゆでて手でちぎる。長ネギは1㎝の斜め切りにする。

2　木綿豆腐は手でくずしてザルにのせ、軽く水気をきる。

3　鍋にサラダ油をひいて2の豆腐を炒め、長ネギ、キクラゲの順に炒め合わせ、火が通ったら万願寺唐辛子を入れて薄口醤油で味をつける。万願寺唐辛子に火が入ったらカツオ節を入れて、ざっくりと混ぜる。

4　盛りつけて天にカツオ節を添える。

▼万願寺のシャキッとした食感を生かした。赤く色づいた万願寺でもいい。

豆腐、ギンナン
マツタケ、シュンギク
水500cc、重曹小さじ1強
エゴマだれ（だし5：醤油1：味醂0.5：エゴマ1、追ガツオ）
おろしショウガ、ヤマトイモすりおろし

温泉豆腐 松茸 銀杏 春菊 荏胡麻だれ

1　エゴマだれを用意する。だしに醤油、味醂を加えて一煮立ちさせ、追ガツオをして漉し、冷ましておく。

2　エゴマを弱火で煎り、すり鉢でよくする。すったエゴマを1でのばしてたれをつくる。

3　鍋に重曹を溶かした水を入れ、豆腐、殻と薄皮をむいたギンナンを入れて弱火にかける。豆腐が溶け始めたらマツタケ、シュンギクを入れて煮る。

4　エゴマだれとおろしショウガ、ヤマトイモを別に添える。3が煮えたらエゴマだれにつけて食べるようすすめる。

▼豆腐を重曹水で沸かすと、とろとろに溶けてくる。温泉豆腐は佐賀県嬉野温泉が有名。

豆腐翡翠揚

1　木綿豆腐はザルにのせて水きりをしておく。
2　豆腐を食べやすく切り、表面に刷毛で片栗粉をまぶし、溶いた卵白にくぐらせて、パセリをたっぷりまぶす。
3　2を170℃の揚げ油に入れて、豆腐を中まで熱くし、パセリを色よくカラリと揚げる。
4　器に盛り、沸かした煎りだしを注ぎ、紅葉おろし、管ゴボウを添える。

▼低めの油で揚げて、中まで熱く、パセリは色よく。

木綿豆腐
片栗粉、卵白、パセリみじん切り、揚げ油
煎りだし（だし13：薄口醤油1：味醂0.5）
紅葉おろし、管ゴボウ（→104頁酒盗豆腐）

厚揚豆腐　春香焼

1　春香地をつくる。ゆでたシュンギクをフードプロセッサーにかける。細かくなったらその他の材料を混ぜる。
2　厚揚を切り分け、天火で両面を焼く。中まで熱くなったら1の春香地をのせて焼いて仕上げる。

▼シュンギクの個性的な香りは、豆乳とショウガでやわらげる。

ソフトタイプの厚揚
春香地（ゆでたシュンギク50g、長ネギみじん切り20g、ショウガみじん切り10g、豆乳30cc、薄口醤油10cc）

青湯葉湯霜造り

1 マグロをさく取りし、80℃の湯に浸ける。表面が白くなったら氷水にとって水気をふく。
2 土佐醤油を仕込む。材料をすべて合わせて一煮立ちさせ、そのまま冷まして漉す。
3 マグロは平造り、青湯葉は一口大に切り、盛り合わせる。大葉、花穂紫蘇をあしらい、ワサビを添える。別に土佐醤油を添える。

▼湯霜にすることで、マグロの色のコントラストもよくなり、食味もさっぱりする。

マグロ
青湯葉*
土佐醤油（醤油10：だし5：日本酒1：味醂1、カツオ節、昆布）
大葉、花穂紫蘇、ワサビ
*青大豆でつくった浅い緑色の湯葉。

白滝ルッコラ真砂和へ

1 シラタキを5㎝長さに切り、水からゆでて、沸いたらザルに上げて水気をきる。
2 鍋に1のシラタキを移して煎り、水分が飛んだら日本酒、ほぐした甘塩タラコ、薄口醤油を加えて味をつける。煮汁が詰まってきたら長ネギを入れてからめる。
3 火を止め、粗熱がとれたら、ちぎったルッコラを混ぜて盛りつける。

▼ルッコラを加えるとさわやかな一品に。

シラタキ200g、甘塩タラコ100g
日本酒100cc、薄口醤油25cc
長ネギみじん切り40g
ルッコラ

寄せる展開

寄せ物は仕込んでおいても味がかわらない重宝な酒肴。共通のベースに季節の野菜や魚介類、色鮮やかな具材、アクセントの香りを加えてアレンジできるので、毎日の献立づくりに役に立ちます。角に切り出すだけでなく、木の葉形に抜いたり、茶巾にしぼることもできます。器に入れればとろけるような柔らかい状態で提供できます。

ゼリー寄せ、玉子豆腐など、寄せ物にはいろいろなタイプがありますが、中でも豆乳をベースにした寄せ物はこくがあり、まろやかな味なので、様々な具材によく合います。淡いパステル色が美しい酒肴です。

寄せ物はさまざまな温度で提供できます。冷たい温度帯で食べる場合には、味は濃いめにつけます。口の中で溶けにくい寒天寄せも、濃いめに味をつけたほうがおいしく感じます。上手に味を調整してください。

豆乳豆腐地

豆乳豆腐地＝
豆乳 400cc＋だし 200cc＋
水 200cc＋粉ゼラチン10g＋粉寒天4g

＊18cm角の流し缶1台分の分量。水分量、凝固剤の分量は、中に入れる具材や用途によって調整すること。

豆乳は温度を50℃以上に上げると、表面に皮膜ができるので（ラムスデン現象）、合わせる寒天地の温度を調節しておくことが大事です。

魚介や野菜、野菜のピューレなどを豆乳豆腐地に混ぜて様々な寄せ物に展開しますが、水分が出るものや、変色するものは向きません。

また加える具は大きすぎると切り分けるときにはずれてしまうので注意が必要です。具を入れるときは、地の水分量を減らして、少しかために寄せてもいいでしょう。つくりたいものに合わせて、豆乳豆腐地の水分量を適宜調整してください。

甘く仕立てればデザートとしても利用できます。

［豆乳豆腐地のつくり方］

1　水とだしを合わせる。豆乳は旨みが強いので、だしや水で薄めるとよい。

2　粉寒天を入れて火にかけて沸かす。

3　泡立て器で混ぜながら弱火で2分間煮て溶かす。すいのうで漉して60℃まで冷ます。

4　豆乳を火にかけて70℃まで温め、水で戻した粉ゼラチンを溶かして60℃まで冷ます。

5　3に4を入れてよく混ぜる。

6　溶けたら調味料（薄口醤油や塩など）を加える。

7　最後に具（エンドウ豆のピューレ）を加えて混ぜる。

8　流し缶に流し、食用アルコールを噴霧して気泡を消す。冷蔵庫で冷やし固める。

卵地

玉子豆腐（流し缶）＝
溶き卵１＋だし１～２＋
水分の2.5％の薄口醤油

茶碗蒸し（器）＝
溶き卵１＋だし３～４＋
水分の2.5％の薄口醤油

卵地は流し缶に流してもいいし、器に注いでもいい。あつあつを供してもいいし、冷やしても美味です。器のまま供すれば、水分を増やしてゆるく仕上げることもできます。

卵地の調理には必ず蒸すという工程が入ります。蒸し器でつくるのが一般的ですが、最近ではスチームコンベクションオーブン（85℃のスチームモード）も便利です。

蒸し器でつくるときは上段で。水滴が落ちて穴が開いてしまうので、最初は強火にして卵地の表面を固めることが大事です。そのあとは弱火でスが入らないように蒸していきます。

［卵地のつくり方］

1　卵を泡立て器で溶きほぐす。

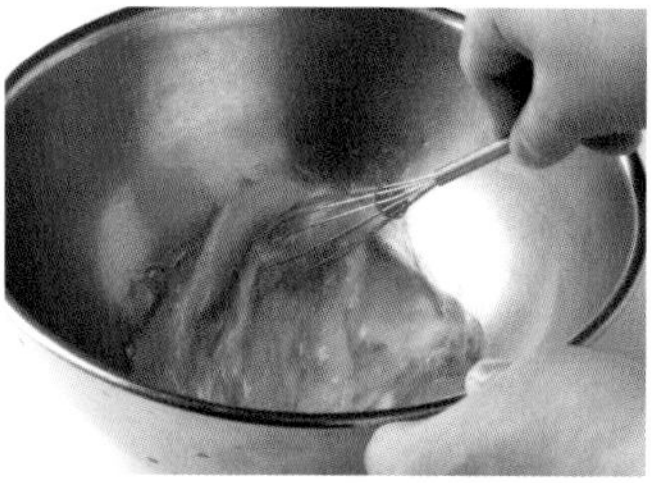

2　だしを入れてよく混ぜる。

3　漉して卵のコシをきってなめらかに。漉してから薄口醤油を加える。器や流し缶に流して蒸す。

サーモン300g
豆乳豆腐地（豆乳300cc、昆布だし300cc、薄口醤油5cc、塩2g、粉ゼラチン15g、粉寒天4g）
べっ甲あん（だし6：醤油1：味醂0.5、追ガツオ、水溶き片栗粉）
フキ、よりショウガ

サーモン豆腐

1　サーモンは薄いへぎ切りにする。
2　豆乳豆腐地を用意する。鍋に昆布だしを入れて粉寒天を加えて混ぜて火にかける。沸いたらかき混ぜながら弱火で2分間ほど煮る。すいのうで漉して60℃まで冷ます。
3　豆乳を70℃に温めて、水で戻した粉ゼラチンを溶かしたのち、火からおろして60℃に冷ます。2と合わせてよく混ぜ、塩と薄口醤油を加えて味を調え、1のサーモンを混ぜて流し缶に流して、冷やし固める。
4　べっ甲あんをつくる。だし、醤油、味醂を合わせて火にかけ、沸いたら追ガツオをして火を止めて漉す。再び火にかけ、水溶き片栗粉を加えてとろみをつけ、冷やしておく。
5　3を切り出して器に盛り、冷たいべっ甲あんを掛け、ゆでたフキとよりショウガを添える。

▼大きい具を合わせるときは、豆乳豆腐はかために調整する。魚介類を具にするときは、カツオだしより昆布だしのほうがすっきりしてよく合う。

酒盗60g
豆乳豆腐地（豆乳400cc、だし200cc、水200cc、薄口醤油5cc、レモン汁少量、粉ゼラチン15g、粉寒天4g）
べっ甲あん（だし6：醤油1：味醂0.5、追ガツオ、水溶き片栗粉）
管ゴボウ*、銀杏南京**、木の葉生姜***
ホウレンソウあん****

*細めのゴボウをゆでて芯の部分を抜いて濃いめの吸い地で炊く。
**カボチャは3mm厚さに切って、イチョウ型で抜いてかためにゆでる。
***ショウガは葉形にむいて薄切りにする。
****葉を刻んでゆで、すり鉢ですったのち裏漉しして少量のべっ甲あんでのばす。

酒盗豆腐 べっ甲あん掛

1　酒盗は適度に塩味を残して水で洗って水気をきる。
2　鍋にだし、水、1の酒盗、粉寒天を入れて火にかける。沸騰したら火を弱めてかき混ぜながら2分間煮て、粗めのすいのうで漉して60℃まで冷ます。
3　豆乳を70℃に温め、水で戻した粉ゼラチンを煮溶かして60℃に冷ます。ここに2を合わせて薄口醤油とレモン汁で味を調え、流し缶（18cm角）に流して冷やし固める。
4　べっ甲あんをつくる。だし、醤油、味醂を合わせて火にかけ、沸いたら追ガツオをして火を止めて漉す。再び火にかけ、水溶き片栗粉を加えてとろみをつけ、冷やしておく。
5　3の酒盗豆腐をイチョウ型で抜いて、冷たいべっ甲あんを流し、管ゴボウ、銀杏南京、木の葉生姜、ホウレンソウあんを添える。

▼酒盗や魚醤はレモン汁などを加えると食べやすくなる。少量のレモン汁ならば豆乳は分離しない。

酒盗90g
豆乳豆腐地（豆乳300cc、昆布だし300cc、薄口醤油5cc、塩2g、粉ゼラチン15g、粉寒天4g）
べっ甲あん（だし6：醤油1：味醂0.5、追ガツオ、水溶き片栗粉）
織部あん（銀あん*5：卵黄1：シュンギクペースト**1）
よりショウガ

*だし400cc、薄口醤油小さじ1/2、塩小さじ1/2を合わせて沸かし、水溶き片栗粉でとろみをつける。

**シュンギクの葉をすり鉢ですりつぶし、ザルに入れて、湯を沸かした鍋に浸けて一煮立ちさせてしぼる。

酒盗豆腐 織部あん掛

1　酒盗を水に浸けて塩抜きする。
2　豆乳豆腐地を用意する。鍋に昆布だし、粉寒天を入れて火にかける。沸いたらかき混ぜながら弱火で2分間ほど煮る。すいのうで漉して60℃まで冷ます。
3　豆乳を70℃に温めて、水で戻した粉ゼラチンを溶かして60℃に冷ます。2と合わせてよく混ぜ、塩と薄口醤油を加えて味を調え、1の酒盗を混ぜて流し缶に流し、冷やし固める。
4　織部あんをつくる。銀あんに卵黄を溶き混ぜて湯煎にかけ、固まる手前で火からおろす。シュンギクペーストを混ぜる。
5　べっ甲あんをつくる。だし、醤油、味醂を合わせて火にかけ、沸いたら追ガツオをして火を止めて漉す。再び火にかけ、水溶き片栗粉を加えてとろみをつけ、冷やしておく。
6　3を切り出して器に盛り、冷たいべっ甲あんと織部あんを掛け、よりショウガを添える。

▼こちらの酒盗豆腐は漉さずに酒盗を一緒に寄せた。

上身のタイ400g、塩少量、長ネギみじん切り120g、白煎りゴマ80g
豆乳豆腐地（豆乳400cc、昆布だし200cc、水200cc、塩少量、粉ゼラチン10g、粉寒天4g）
べっ甲あん（だし6：醤油1：味醂0.5、追ガツオ、水溶き片栗粉）
ワサビ、大葉

刺身豆腐

1　上身にしたタイに薄塩をあてて30分間おき、水分を抜いて旨みを出す。
2　豆乳豆腐地を用意する。鍋に昆布だしと水を入れて粉寒天を混ぜて火にかける。沸いたらかき混ぜながら弱火で2分間ほど煮る。すいのうで漉して60℃まで冷ます。
3　豆乳を70℃に温めて、水で戻した粉ゼラチンを溶かして60℃に冷ます。2と合わせてよく混ぜ、塩少量を加えて味を調える。
4　タイをフードプロセッサーにかけて粗くつぶし、長ネギ、白煎りゴマ、固まる直前の豆乳豆腐地を混ぜて急冷し、流し缶に流して固める。
5　べっ甲あんをつくる。だし、醤油、味醂を合わせて火にかけ、沸いたら追ガツオをして火を止めて漉す。再び火にかけ、水溶き片栗粉を加えてとろみをつけ、冷やしておく。
6　2を切り出し、大葉を敷いて盛りつける。冷たいべっ甲あんを掛け、ワサビを添える。

▼早めに食べること。アジやサーモンなどでも合う。

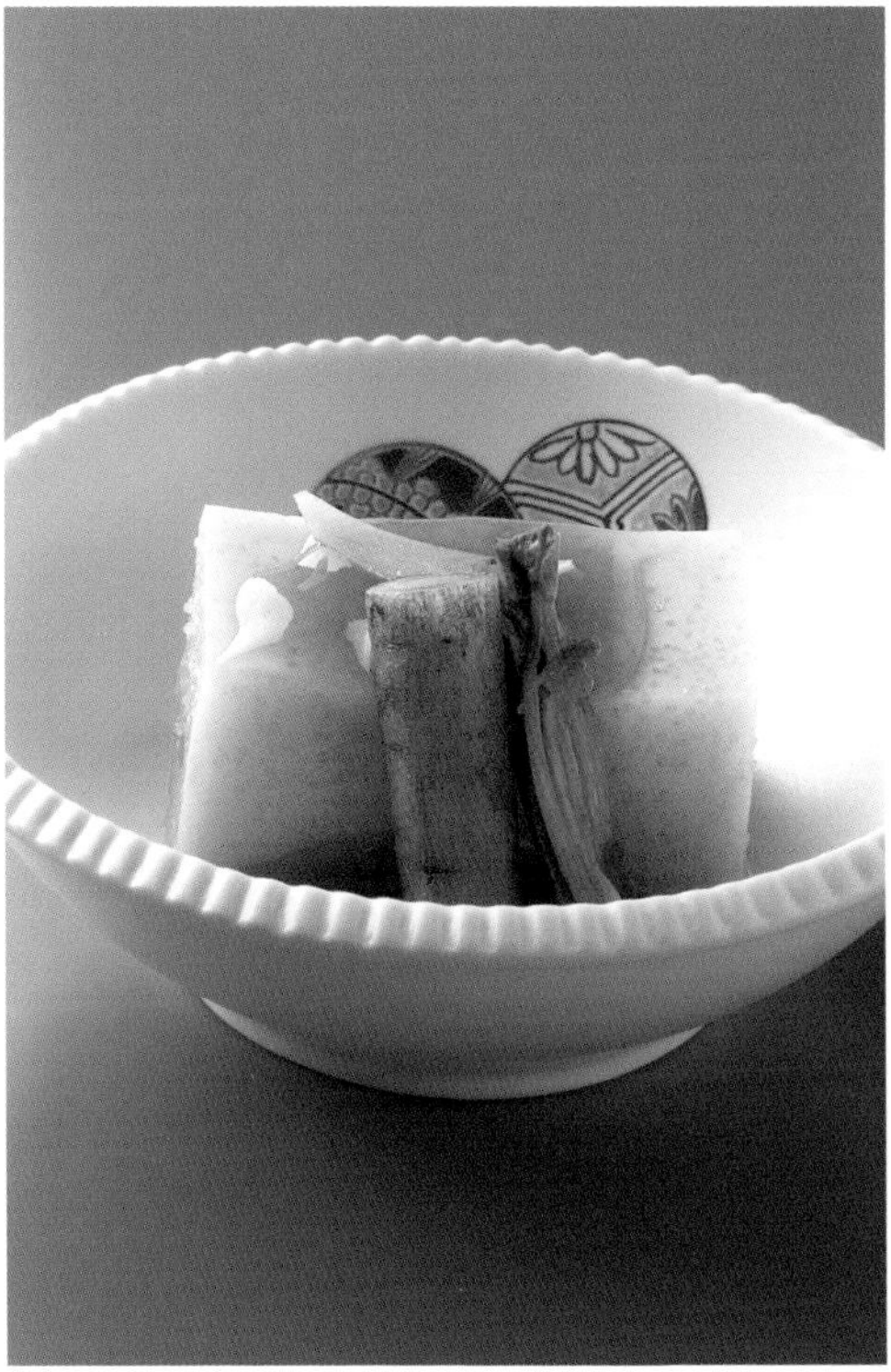

甘塩タラコ300g
豆乳豆腐地（豆乳300cc、昆布だし300cc、薄口醤油5cc、塩2g、粉ゼラチン10g、粉寒天4g）
べっ甲あん（だし6：醤油1：味醂0.5、追ガツオ、水溶き片栗粉）
管ゴボウ（→104頁酒盗豆腐）、セリ、よりショウガ

鱈子豆腐

1　甘塩タラコをほぐしておく。
2　豆乳豆腐地を用意する。鍋に昆布だしと水を入れて粉寒天を混ぜて火にかける。沸いたらかき混ぜながら弱火で2分間ほど煮る。すいので漉して60℃まで冷ます。
3　豆乳を70℃に温めて、水で戻した粉ゼラチンを溶かして60℃に冷ます。2と合わせてよく混ぜ、薄口醤油と塩少量を加えて味を調える。
4　豆乳豆腐地に1の甘塩タラコを混ぜ、流し缶に注いで冷やし固める。
5　べっ甲あんをつくる。だし、醤油、味醂を合わせて火にかけ、沸いたら追ガツオをして火を止めて漉す。再び火にかけ、水溶き片栗粉を加えてとろみをつけ、冷やしておく。
6　4を切り出して器に盛り、冷たいべっ甲あんを掛け、天にゆがいた管ゴボウとセリ、よりショウガを添える。

▼濃度がある液体にほぐしたタラコを混ぜると沈まずにきれいに散る。

栗茶巾豆腐10個分（栗甘露煮10個、蒸し栗裏漉し100g、豆乳葛豆腐地*）
イチジク2.5個
ギンナン20個、揚げ油
赤玉味噌（桜味噌200g、卵黄1個分、砂糖50g、味醂30cc、日本酒50cc）
バジリコ適量

*豆乳300cc、水200cc、葛粉70g、塩4gをすべて合わせて漉しておく。

栗朴葉焼

1　栗茶巾豆腐をつくる。生グリの渋皮をむいて蒸したのち裏漉しする。豆乳葛豆腐地とクリの裏漉しを混ぜて火にかける。シャモジで練りながら火を入れ、胡麻豆腐のように重たくなってきたら弱火にして5分間練る。
2　ラップフィルムの上に1を50g取り分ける。中に栗甘露煮を入れて茶巾にしぼる。輪ゴムで留めて冷やし固める。
3　イチジクは湯に浸けて皮をむき、4等分のくし形に切る。ギンナンは薄皮をむいて低温の油で色鮮やかに揚げる。
4　コンロの上に網をのせ、アルミホイルを敷いた上に朴葉をのせ、赤玉味噌（材料をすべて合わせて火にかけて練る）適量をのばし、栗茶巾豆腐、イチジク、ギンナンを盛って、バジリコをあしらう。

▼栗茶巾豆腐は、提供前に湯煎で温めておくとよい。

酒粕200g
豆乳豆腐地（豆乳500cc、だし250cc、水250cc、塩少量、粉ゼラチン10g、粉寒天4g）
大葉酢味噌（大葉10枚、白玉味噌*50g、ご飯50g、水30cc、煮きり酢30cc）
むきクルミ

*白味噌200g、卵黄1個分、日本酒30cc、味醂30ccを合わせて中火にかけて練る。卵黄がなじんでつやが出たら火からおろす。冷蔵庫で1週間日持ちするが、徐々に風合いがなくなる。

酒粕豆腐　大葉酢味噌

1　豆乳豆腐地を用意する。鍋にだしと水を入れて粉寒天を混ぜて火にかける。沸いたらかき混ぜながら弱火で2分間ほど煮る。すいのうで漉して60℃まで冷ます。

2　豆乳を70℃に温めて、水で戻した粉ゼラチンを溶かしたのち、火からおろして60℃に冷ます。1と合わせてよく混ぜ、塩少量を加えて味を調える。

3　ミキサーに酒粕と豆乳豆腐地を合わせて回し、流し缶に流して冷やし固める。

4　大葉酢味噌をつくる。ミキサーに材料をすべて入れて回し、ペースト状にする。これを裏漉ししておく。

5　3を切り出して盛りつけ、大葉酢味噌を掛ける。むきクルミを添える。

▼酒粕はほんのり香る程度に加える。

サトイモ、煮汁（だし8：味醂1：薄口醤油0.5）
黒胡麻豆腐（豆乳500cc、だし250cc、水250cc、黒練りゴマ100g、醤油30cc、砂糖大さじ2、粉寒天4g、粉ゼラチン15g）
黄味酢*（卵黄3個分、酢15cc、薄口醤油5cc、砂糖大さじ1）

*材料を合わせて湯煎にかけ、泡立て器で撹拌する。とろみがついたら火を止めて冷ましたのち漉す。

里芋の黒胡麻寄せ 黄味酢掛

1 サトイモは皮をむいて、米糠を入れた水で柔らかくゆでて5分間水にさらす。適当な大きさに切り分ける。
2 煮汁を合わせて85～90℃に熱し、サトイモを入れて温度を保ち、30分間煮含めてこのまま冷ます。冷めたら取り出し、蒸し器で5分間蒸して表面の水分を飛ばす。
3 黒胡麻豆腐をつくる。鍋にだし、水、粉寒天を入れて火にかけ、一煮立ちさせたら、かき混ぜながら弱火で2分間ほど煮る。すいのうで漉して60℃まで冷ます。
4 豆乳を70℃に温めて、水で戻した粉ゼラチンを溶かして60℃に冷ます。3と合わせてよく混ぜ、黒練りゴマ、砂糖、醤油で味を調える。
5 流し缶に2のサトイモを並べ、4を流して冷やし固める。切り出して黄味酢を添える。

▼サトイモの表面はぬれているとはがれやすくなるので蒸して水分を飛ばすこと。

大葉30枚分
豆乳豆腐地（豆乳500cc、だし250cc、水250cc、薄口醤油30cc、粉寒天4g、粉ゼラチン15g）
加減酢（だし7：薄口醤油1：酢1、追ガツオ）、エゴマ
才巻エビ、ゆで小豆
グリーンアスパラガス、ズッキーニ

紫蘇水無月寄せ

1　豆乳豆腐地を用意する。鍋にだしと水を入れて粉寒天を混ぜて火にかける。沸いたらかき混ぜながら弱火で2分間ほど煮る。すいのうで漉して60℃まで冷ます。

2　豆乳を70℃に温めて、水で戻した粉ゼラチンを溶かしたのち、火からおろして60℃に冷ます。1と合わせてよく混ぜ、薄口醤油を加えて味を調える。

3　みじん切りの大葉を混ぜ、流し缶に流して冷やし固める。

4　エゴマは油分が出るまでフライパンの弱火で煎り、すり鉢で半ずりにして加減酢をすり合わせる。加減酢はだし、酢、薄口醤油を合わせて沸かし、追ガツオをして漉し、冷やしたもの。

5　3を三角形に切り出して器に盛り、4を掛ける。ゆでた才巻エビ、ゆで小豆、焼き目をつけたアスパラガスとズッキーニを添える。

▼三角形に切って水無月（6月）に使う。あずきの赤は魔除けの意味がある。

トンブリ30g
豆乳豆腐地（豆乳300cc、だし150cc、水150cc、薄口醤油5cc、塩2g、粉ゼラチン15g、粉寒天4g）
べっ甲あん（だし6：醤油1：味醂0.5、追ガツオ、水溶き片栗粉）
金時ニンジン、おろしショウガ

とんぶり豆腐

1　トンブリを水洗いする。
2　豆乳豆腐地を用意する。鍋にだしと水を合わせ、粉寒天を混ぜて火にかける。沸いたらかき混ぜながら弱火で2分間ほど煮る。すいのうで漉して60℃まで冷ます。
3　豆乳を70℃に温めて、水で戻した粉ゼラチンを溶かして60℃に冷ます。2と合わせてよく混ぜ、塩と薄口醤油を加えて味を調える。
4　豆乳豆腐地に1のトンブリを混ぜ、流し缶に注いで冷やし固める。トンブリは自然に上に浮いてくる。
5　べっ甲あんをつくる。だし、醤油、味醂を合わせて火にかけ、沸いたら追ガツオをして火を止めて漉す。再び火にかけ、水溶き片栗粉を加えてとろみをつけ、冷やしておく。
6　4を切り出して器に盛り、冷たいべっ甲あんを掛け、天にゆがいた金時ニンジンとおろしショウガを添える。

▼トンブリは軽いので自然に上に浮いてくる。

バジリコペースト15g
豆乳豆腐地（豆乳300cc、だし150cc、水150cc、薄口醤油5cc、塩2g、粉ゼラチン15g、粉寒天4g）
べっ甲あん（だし6：醤油1：味醂0.5、追ガツオ、水溶き片栗粉）
百合根、ショウガ

バジル豆腐

1　バジリコをサッと霜降りし、すり鉢ですりつぶす（バジリコペースト）。
2　豆乳豆腐地を用意する。鍋にだしと水を合わせ、粉寒天を混ぜて火にかける。沸いたらかき混ぜながら弱火で2分間ほど煮る。すいのうで漉して60℃まで冷ます。
3　豆乳を70℃に温めて、水で戻した粉ゼラチンを溶かして60℃に冷ます。2と合わせてよく混ぜ、塩と薄口醤油を加えて味を調える。
4　豆乳豆腐地に1のバジリコペーストを合わせて漉し、流し缶に注いで冷やし固める。
5　べっ甲あんをつくる。だし、醤油、味醂を合わせて火にかけ、沸いたら追ガツオをして火を止めて漉す。再び火にかけ、水溶き片栗粉を加えてとろみをつけ、冷やしておく。
6　4を切り出して器に盛り、冷たいべっ甲あんを掛け、蒸した百合根とショウガを添える。

▼バジリコの香り、色を生かすには温度を上げすぎないこと。

フキ、塩
豆乳豆腐地（豆乳300cc、だし150cc、水150cc、薄口醤油5cc、塩2g、粉ゼラチン15g、粉寒天4g）
べっ甲あん（だし6：醤油1：味醂0.5、追ガツオ、水溶き片栗粉）
三ッ葉、よりショウガ

蕗豆腐

1　フキを板ずりして2分間ゆでる。冷水にとって皮をむき、小口から細かく刻む。
2　豆乳豆腐地を用意する。鍋にだしと水を合わせ、粉寒天を混ぜて火にかける。沸いたらかき混ぜながら弱火で2分間ほど煮る。すいのうで漉して60℃まで冷ます。
3　豆乳を70℃に温めて、水で戻した粉ゼラチンを溶かして60℃に冷ます。2と合わせてよく混ぜ、塩と薄口醤油を加えて味を調える。
4　豆乳豆腐地に1のフキを混ぜ、流し缶に注いで冷やし固める。
5　べっ甲あんをつくる。だし、醤油、味醂を合わせて火にかけ、沸いたら追ガツオをして火を止めて漉す。再び火にかけ、水溶き片栗粉を加えてとろみをつけ、冷やしておく。
6　4を切り出して器に盛り、冷たいべっ甲あんを掛け、結び三ッ葉、よりショウガを添える。

▼歯応えと香りのよいフキを刻んだ春の酒肴。フキは柔らかくしすぎないこと。

豆乳豆腐地（豆乳500cc、だし250cc、水250cc、塩少量、粉ゼラチン10g、粉寒天4g）
引き上げ湯葉
べっ甲あん（だし6：醤油1：味醂0.5、追ガツオ、水溶き片栗粉）
生海苔、ワサビ

湯葉豆腐

1　豆乳豆腐地を用意する。鍋にだしと水を入れて粉寒天を混ぜて火にかける。沸いたらかき混ぜながら弱火で2分間ほど煮る。すいのうで漉して60℃まで冷ます。

2　豆乳を70℃に温めて、水で戻した粉ゼラチンを溶かしたのち、火からおろして60℃に冷ます。1と合わせてよく混ぜ、塩少量を加えて味を調え、流し缶に流して冷やし固める。

3　べっ甲あんをつくる。だし、醤油、味醂を合わせて火にかけ、沸いたら追ガツオをして火を止めて漉す。再び火にかけ、水溶き片栗粉を加えてとろみをつけ、冷ましておく。

4　2が固まったら切り出し、引き上げ湯葉で巻いて盛りつける。上に冷たいべっ甲あんを掛け、ワサビと生海苔を添える。

▼湯葉を巻いて豆乳豆腐の口当たりをよくした。豆腐地に薬味野菜などを混ぜて寄せてもよい。

アナゴ、生ワカメ
卵地（溶き卵1：だし1、薄口醤油適量）
銀あん（だし400cc、薄口醤油小さじ1/2、塩小さじ1/2、水溶き片栗粉）
フキ、塩、おろしショウガ

穴子若芽豆腐

1　アナゴは背開きにし、素焼きにして短冊に切る。生ワカメは細かく切って霜降りする。
2　卵地をつくる。同量の溶き卵とだしをよく混ぜ、すいのうで漉す。薄口醤油で味をつけ、1のアナゴとワカメを混ぜて流し缶に流す。
3　蒸気が上がった蒸し器に入れて強火で3分間蒸したのち、蒸し器の蓋に菜箸などをかませて隙間をつくり、弱火でさらに10～15分間蒸す。取り出して冷ます。
4　銀あんをつくる。だしに調味料を合わせて火にかけ、一煮立ちさせ、水溶き片栗粉を加えてとろみをつける。火を止めて冷ましておく。
5　フキは板ずりして熱湯で色よくゆでて皮をむく。食べやすく切りそろえる。
6　3を切り出して器に盛り、冷たい銀あんを流す。5のフキを添え、おろしショウガを天に盛る。

▼スチームコンベクションオーブンならば85℃のスチームモードで20分間蒸す。

カキ、生海苔
卵地（溶き卵1：だし3、薄口醤油適量）
銀あん（だし400cc、薄口醤油小さじ1/2、塩小さじ1/2、水溶き片栗粉）、ショウガ汁

牡蠣清海蒸し

1　生カキを裏漉しし、卵地と混ぜ合わせて漉す。卵地は溶き卵に3倍のだしを加えてのばしてすいのうで漉し、薄口醤油で味をつけたもの。
2　1に生海苔を加えて器に注ぎ、蒸気が上がった蒸し器に入れて強火で3分間蒸したのち、蒸し器の蓋に菜箸などをかませて隙間をつくり、弱火でさらに10～15分間蒸す。
3　銀あんをつくる。だしに調味料を合わせて火にかけ、一煮立ちさせ、水溶き片栗粉を加えてとろみをつける。
4　熱い銀あんにショウガ汁を加えて、2に掛ける。

▼蒸し器から水滴が落ちてムラになってしまうので、強火で早く表面を固める。

フグ白子
卵地（卵1個、だし150cc、薄口醤油5cc）
ユズ釜
若菜あん（ホウレンソウ、塩、銀あん*）

*だし400ccに薄口醤油小さじ1/2、塩小さじ1/2を合わせて火にかけ、一煮立ちさせ、水溶き片栗粉を加えてとろみをつける。

河豚白子柚子蒸し 若菜あん掛

1 フグ白子をユズ釜の大きさに合わせて切って焼き目をつける。
2 卵地の材料をよく混ぜ合わせてすいのうで漉す。ユズ釜に卵地を流し、フグ白子を詰めて蒸し器で15分間蒸す。
3 若菜あんをつくる。ホウレンソウの葉をむしり、すり鉢で塩を少量加えてする。水を加え、さらにすって青寄せをつくる。熱した銀あんに混ぜて蒸し上がった2に掛ける。

▼蒸し器ではなくスチームコンベクションオーブンを使う場合、85℃のスチームモードで13分間加熱する。

卵地（卵4個、だし300cc、薄口醤油10cc）
オクラ、トマト、ジュンサイ、ウニ
だしゼリー（だし8：薄口醤油1：味醂1、追ガツオ、粉ゼラチン）

玉子豆腐 涼味ゼリー掛

1　玉子豆腐をつくる。卵地の材料を合わせてよく混ぜ、流し缶に漉し入れる。蒸し器で20分間蒸し、取り出して冷やしておく。
2　オクラは2.5㎝に切り、中から種を取り除いて熱湯でゆで、小口切りにする。トマトは湯むきして小角に切る。
3　だしゼリーをつくる。だしに調味料を合わせて火にかけ、追ガツオをして漉す。300ccを取り分け、粉ゼラチン5gを水で戻して溶かす。密封容器に移して冷やし固める。
4　器に切り出した玉子豆腐、オクラ、トマト、ジュンサイ、ウニを盛り、3のゼリーをくずして掛ける。

▼さまざまな食感の材料を盛り合わせることがポイント。

油揚げ、ダイコン、吸い地（だし600cc、薄口醤油24cc、日本酒10cc）
卵地（溶き卵1：だし1：薄口醤油適量）
銀あん（だし400cc、薄口醤油小さじ1/2、塩小さじ1/2、水溶き片栗粉）
才巻エビ、花穂紫蘇

信太《しのだ》大根

1　油揚げを細かく刻む。ダイコンは1㎝角に切る。ともに吸い地でサッと煮て、そのまま冷まし、味を含ませる。

2　卵地の材料を合わせてよく混ぜて漉し、汁気をしぼった1を混ぜて流し缶に流す。

3　蒸気が上がった蒸し器に2を入れて強火で3分間蒸したのち、蒸し器の蓋に菜箸などをかませて隙間をつくり、弱火でさらに10～15分間蒸す。

4　銀あんを用意する。だしに調味料を合わせて火にかけ、一煮立ちさせ、水溶き片栗粉を加えてとろみをつける。火を止めて冷ましておく。

5　3が冷めたら切り出して盛り、銀あんを流す。ゆがいた才巻エビと花穂紫蘇を添える。

▼銀あんのかわりに揚げだし地を掛けてもよい。

アク抜き済のタケノコ（→152頁筍土佐焼）すりおろし
卵地（溶き卵1：だし1：薄口醤油適量）
銀あん（だし400cc、薄口醤油小さじ1/2、塩小さじ1/2、水溶き片栗粉）、生海苔、三ッ葉
ショウガ

筍豆腐 生海苔あん掛

1　アク抜きをしたタケノコは根元のかたい部分をすりおろしておく。
2　卵地の材料を合わせ、よく混ぜてすいのうで漉す。ここに卵地の半量ほどの1のタケノコを入れて混ぜ、流し缶に流す。
3　蒸気が上がった蒸し器に入れて強火で3分間蒸したのち、蒸し器の蓋に菜箸をかませて隙間をつくり、弱火でさらに10～15分間蒸す。
4　銀あんをつくる。だしに調味料を合わせて火にかけ、一煮立ちしたら水溶き片栗粉を加えてとろみをつける。生海苔と刻んだ三ッ葉を混ぜる。
5　3を切り出して温め、器に盛って4を掛ける。ショウガのしぼり汁をたらす。

▼タケノコは歯応えを出したいので、根元のかたい部分が向く。

卵地（卵2個、絹漉し豆腐150g、豆乳200cc、水100cc、薄口醤油15cc）
べっ甲あん（だし5：醤油1：日本酒0.5、追ガツオ、水溶き片栗粉）
ウニ、クリ、ギンナン、生キクラゲ
緑あん（コマツナすりおろし1：吸い地3、水溶き片栗粉）

南禅寺蒸し

1　卵地をつくる。絹漉し豆腐をくずしてザルに上げ、水気をきって裏漉しする。卵、豆乳、水を混ぜ合わせて漉し、豆腐と合わせて薄口醤油で味をつける。
2　べっ甲あんを用意する。だし、醤油、日本酒を合わせて沸かし、追ガツオをして漉す。温めて水溶き片栗粉でとろみをつける。
3　緑あんを用意する。コマツナの葉をゆでて細かく刻み、すり鉢ですって裏漉しする。濃いめの吸い地を沸かして水溶き片栗粉でとろみをつけ、コマツナを混ぜる。
4　クリはゆでて渋皮をむく。ギンナンは薄皮を除いて素揚げする。
5　茶碗に4のクリ、ギンナンと生キクラゲを入れて1を注ぎ、ウニをのせて蒸し器で10分間蒸す。べっ甲あんを流し、クリ、ギンナン、キクラゲを盛り、緑あんを少量掛ける。

▼低温で蒸すと巣が入らない。スチームコンベクションオーブンならば85℃のスチームモードで。

ウニ、ゼリー地A（だし8：薄口醤油1：味醂1、追ガツオ）、粉ゼラチン
オクラ、塩
ゼリー地B*

*昆布だし150ccに対して、粉ゼラチン5gが適量。昆布だしを温めて水で戻した粉ゼラチンを溶かして水塩で下味をつける。

雲丹白波寄

1　ウニは1片ずつ分けてバットに並べて蒸したのち、粗熱をとる。
2　鍋にゼリー地Aのだしと調味料を合わせて火にかけ、沸いたら追ガツオをして漉す。ゼリー地180ccに対して、5gの粉ゼラチンを水で戻して溶かす。
3　流し缶に1のウニを並べ、2のゼリー地Aを注いで冷やし固める。
4　オクラは板ずりして色を出し、熱湯でゆでて氷水にとる。縦半分に切り、中の種をスプーンで除いて、包丁で細かくたたく。
5　ゼリー地Bの粗熱がとれたら、4のオクラを入れて、箸でかき混ぜて泡立てる。3の上に薄く重ねて流し入れ、冷やし固める。
6　表面の泡がつぶれないように流し缶から切り出して器に盛る。

▼ゼリー地Bは粉ゼラチンを溶かしたのち、冷めて濃度がついてきたら、かき混ぜるタイミング。

カマス、塩
香味ゼリー（だし5：醤油1：味醂1、粉ゼラチン*、新玉ネギ・新ショウガのあられ切り各適量）

*ゼリー地150ccに対して粉ゼラチン5g。

魳の香味ゼリー寄せ

1　カマスは三枚おろしにして薄塩をあてて20分間おく。
2　香味ゼリーをつくる。鍋にだし、醤油、味醂を入れて火にかける。一煮立ちしたら火を止め、戻した粉ゼラチンを入れて煮溶かす。熱いうちに新ショウガを入れ、粗熱がとれたら新玉ネギを混ぜる。
3　1のカマスの塩を洗い落とし、水気をふく。串を打ち、皮目に塩を少量ふって焼き色をつける。
4　流し缶の底面に3のカマスの皮目を下に向けて並べる。上から2を流して冷やし固める。
5　4を切り出して盛りつける。

▼薬味はゼリーで寄せると食べやすくなる。カマスを鶏やエビなどにかえても相性がよい。

ツブ貝、ホタテ貝柱
アオサノリ
A（だし10：薄口醤油1：味醂0.5）、
粉ゼラチン*
黄味酢**（卵黄3個分、酢15cc、
薄口醤油5cc、砂糖大さじ1）
寒天液（水500cc、粉寒天4g）
ソラ豆、木ノ葉生姜、マイクロト
マト

*液体(A)200ccに対して5gの粉ゼラチンが適量。

**すべての材料を合わせて湯煎にかけ、泡立て器で撹拌。とろみがついたら火を止め、冷ましたのち漉す。

螺帆立石蕁寄せ

1　ツブ貝は殻をはずして掃除をし、一口大に切る。ホタテ貝柱は手で縦4つに割る。それぞれ55℃の湯に30秒間浸けたのち、冷水にとり、軽くもみ洗いして水気をふく。

2　寒天液をつくる。材料を合わせて火にかけ、沸いたら弱火で2分間ほど煮て、流し缶に流して冷やし固める（高さが3㎝になるように）。

3　寒天液が固まったら丸型を用いて丸く抜き取り、空いた穴を型として利用する。この寒天型は何回か使用できる。

4　Aを合わせて温め、粉ゼラチンを溶かす。粗熱がとれたらアオサノリを混ぜ、3の寒天の穴に流す。ゼリー液が固まる直前にツブ貝、ホタテ貝柱を入れて冷やし固める。

5　ゼリー液が固まったら寒天型からはずして盛りつけ、黄味酢を掛け、ゆでたソラ豆、マイクロトマト、木ノ葉生姜をあしらう。

▼ゼリー寄せを丸く抜く場合、寒天で丸型をつくるとうまく抜ける。筒で抜くとロスも出る。

ナス3本、ミョウバン
ザーサイみじん切り100g
ショウガみじん切り15g
ゼリー地（だし350cc、醤油70cc、味醂70cc、追ガツオ2g、粉ゼラチン15g）

茄子香味寄せ

1　ナスは天地を落として縦半分に切り、皮にミョウバンをすり込んで10分間おく。ナスは落し蓋をして熱湯でゆで、火が通ったら板氷に挟んで急冷する。ショウガは熱湯にサッとくぐらせて水気をきる。

2　ゼリー地をつくる。粉ゼラチン以外の材料を鍋に入れて一煮立ちさせて漉し、水で戻した粉ゼラチンを溶かして粗熱をとる。

3　ゼリー地に一口大に切った1のナス、ザーサイ、ショウガを混ぜ合わせて流し缶に流し入れ、冷やし固める。

4　切り出して盛りつける。

▼具材入りのゼリー地を切り出す場合、ややかために寄せたほうが切りやすい。

カキむき身500g
卵地（蒸して裏漉したナガイモ200g、卵4個、生海苔60g、生クリーム50cc、薄口醤油45cc、おろしショウガ15g）
卵白、ケシの実

牡蠣松風

1　カキは熱湯でサッと霜降りし、冷水にとって軽くもみ洗いして水気をきる。
2　カキをフードプロセッサーにかけてなめらかにし、卵地の材料をすべて加えてさらに回して混ぜ合わせる。
3　流し缶に流し、蒸し器で25分間蒸す。冷めたら取り出して、表面に卵白をぬって乾かし、もう一度卵白をぬってケシの実を表面に散らし、天火で卵白を乾かす。
4　一口大に切り出して盛りつける。

▼2はぼてっと落ちるくらいに調える。

フグの皮（トオトウミ、皮、身皮）250g、ショウガの繊切り20g
煮汁（だし10：醤油1：味醂1）600cc

河豚皮の煮凝り

1　熱湯でフグのトオトウミを2分間ゆで、氷水にとって締める。皮（白と黒）は透明感が出るまで熱湯でゆで、氷水にとって締める。身皮はサッと霜降りする。
2　それぞれを刻む（小さくしすぎない）。
3　煮汁を合わせて2のトオトウミと皮を入れて火にかけ、弱火で2割ほど煮詰める。
4　3に身皮と繊切りのショウガを加えて混ぜ、火を止める。粗熱がとれたら流し缶に流し、冷蔵庫で冷やし固める。提供時に切り出す。

▼フグ皮が少ないときは、ゼラチンで補うとよい。

鶏肝豆腐（鶏レバー500g、水300cc、薄口醤油60cc、日本酒60cc、味醂60cc、卵4個）
ゼリー地（だし8：薄口醤油1：味醂1）
粉ゼラチン*、刻んだ鴨頭ネギ適量

*ゼリー地200ccに対して粉ゼラチンは5g。

鶏肝豆腐

1　鶏肝豆腐をつくる。鶏レバーを開いて血や脂などを取り除く。塩分濃度1％の塩水（分量外）に1時間ほど浸けて血抜きをする。熱湯にくぐらせて冷水にとり、水気をきる。
2　鍋に水と調味料、1のレバーを入れて火にかける。80℃になったら、この温度を保って10分間加熱する。火を止め、そのまま冷ます。
3　レバーをフードプロセッサーでなめらかなペースト状にする。卵を溶いて2の煮汁240ccを加えて混ぜ、レバーに少しずつ入れてのばす。混ぜすぎると加熱時にスが入るので注意。
4　流し缶に流し、85℃のスチームコンベクションオーブンのスチームモードで30分間加熱。取り出して粗熱をとる。
5　ゼリー地を合わせて温め、戻した粉ゼラチンを溶かす。鴨頭ネギを混ぜ、4の上に流して冷やし固める。切り出して提供する。

▼鶏レバーは火が入るとかたくなるが、卵を入れると柔らかくしっとりと仕上がる。

鹿の子里芋

1　サトイモは皮をむいてゆで、ザルに広げて冷ます。
2　エビは頭と背ワタを抜いて殻をむき、身を包丁でたたく。鍋に移し、日本酒を加えて酒煎りして汁気をきる。
3　1のサトイモをすり鉢ですりつぶし、薄口醤油で味をつけて2のエビ、エダマメを混ぜる。1個25gに丸めて盛りつける。

▼サトイモの粘り気で寄せて形をつくる。

サトイモ200g
エビ30g、日本酒5cc
エダマメ塩ゆで50g
薄口醤油7cc

フルーツトマト3個、片栗粉
レンコン60g、豆乳200cc、A*（ピーマン10g、長ネギ10g、ショウガ10g）、
薄口醤油5cc、コショウ

*それぞれあられ切りにする。

赤茄子 西湖鋳込

1 レンコンをすりおろし、鍋に移して火にかける。豆乳でのばしながら練る。薄口醤油、コショウで味をつけて練り上げる。仕上りにAを混ぜて冷やす。

2 フルーツトマトの皮を湯むきして、ヘタをくり抜いて種を抜き出す。トマトの内側に片栗粉を刷毛でまぶして1を詰める。

3 2をラップフィルムで茶巾に包み、600Wの電子レンジに40秒間かけて火を通し、氷水にとる。冷凍庫で30分間おき、表面をシャリシャリに固めて切り分ける。ラップをはずして盛りつける。

▼電子レンジでレンコンを射込んだトマトを加熱し、30分ほど冷凍させると、周りのトマトがシャリシャリとしたシャーベット状に。新食感の真夏の酒肴。

カマス、塩、酢
芋寿司（ヤマトイモ500g、酢100cc、砂糖100g、塩5g、卵黄2個分）
吉野酢（土佐酢*、水溶き片栗粉）、スダチ

*だし3：酢2：薄口醤油1：味醂1を合わせる。

魳芋寿司

1　カマスは三枚におろし、小骨を抜き、薄塩をあてて30分間おく。串を打ち、皮側をあぶって焼き目をつけ、熱いうちに酢に2～3分間浸したのち酢をふく。

2　芋寿司をつくる。ヤマトイモは皮をむき、適当な大きさに切って蒸す。裏漉しして鍋に移し、酢、砂糖、塩、卵黄を加えて火にかけて練る。粗熱がとれたら冷蔵庫で冷やしておく。

3　巻簾の上にラップフィルムを敷き、皮側を下に向けてカマスを並べ、棒状に形を整えた2の芋寿司を手前から巻き込んで両端を締める。軽く輪ゴムで留めて、冷蔵庫で1時間ほどなじませる。

4　吉野酢をつくる。土佐酢を温め、水溶き片栗粉で濃度をつけて冷やす。

5　3を切り出し、表面に4の吉野酢をぬる。スダチを添える。

▼カマスは長時間酢締めをしないが、上にぬった吉野酢でアクセントをつける。

焼く・あぶる展開

酒肴は、待たせず短時間で提供したいもの。サッとあぶった風干しや一夜干しは重宝します。身を薄くつくれば、短時間で火が通るので提供時間が短くなります。

風干しは仕込みも簡単。塩をしたら表面が乾く程度まで冷蔵庫に置くだけです。塩で魚から水分がほどよく抜けるから旨みも凝縮します。

風干しを個性的な一品に仕上げるコツは、香りの要素を加えること。大葉や木ノ芽、バジリコなどのハーブ類や、ゴマや唐辛子、ユズなどの香辛料をふるだけで印象がかわります。季節や相性などを考えて風干しを展開してみるといいでしょう。

風干し

［塩加減］

小型の魚（三枚おろし）＝塩分濃度1.5％の立て塩＋昆布

大型の魚（切り身）＝魚の2％の塩

風干し各種。表面が乾いて散らした香辛料などが魚に貼りついたらでき上がり。サッと焼いて提供する。

小さい魚は塩が均等に回るように塩水（塩分濃度1.5％）に浸して30分、大きな魚は切り身にして2％程度の塩をあてて30分から1時間おいて水分を抜きます。なお、保存が目的ならばもう少し塩を増やしたほうがいいでしょう。

表面が乾く程度に冷蔵庫で干せばでき上がり。冬ならば風通しのよい室内で乾かしてもいいでしょう。

サッと焼いて提供してください。

[風干しのつくり方]

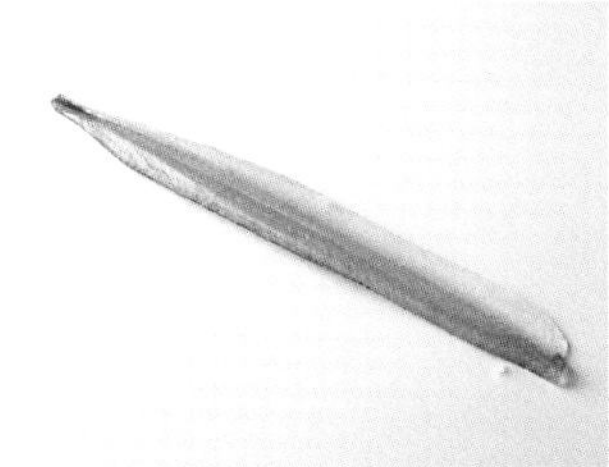

1　小型の身が薄い魚は三枚におろす。大型の魚は薄い切り身にする。

2　差し昆布をした塩水を用意し、1を30分間浸ける。醤油ベースの浸け地に浸けてもよい。

3　取り出して水気をふく。

4　バットの上に網をのせて、3を広げて冷蔵庫で乾かす。香辛料やハーブ類は乾かす前に散らす。

褄折り串

身が薄い魚や、細長い魚を焼くときには、おろした身の片側、あるいは両側を折って（巻いて）串を打つことがあります。おろし身の端のほうは身が薄いので、巻けば火の通りが均一になります。

また見栄えもよくなります。向こうは高く、手前は低く盛りつけると、立体感が出て活きのよさをアピールできます。

［片褄折り］

1　身が厚い側（頭寄り）に串を通す。

2　身が薄い側（尾寄り）を巻いて、串を刺して向こうに通す。

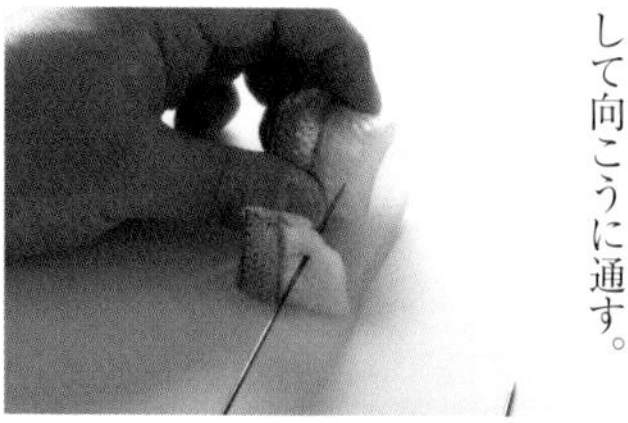

3　隣にもう1本串を打つ。

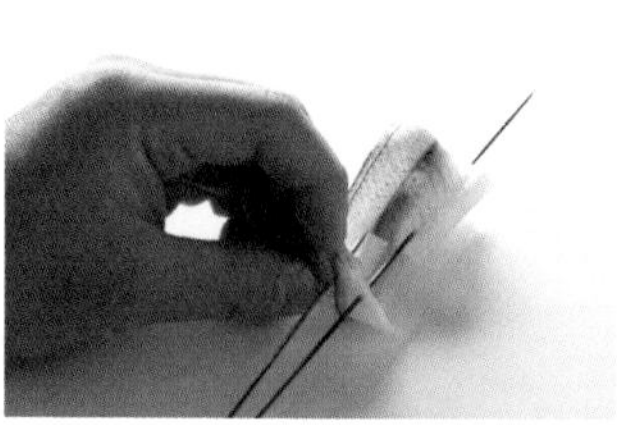

4　片褄折りの完成。

［両褄折り］

1　片端を巻いて串を通す。

2　向こうの端も巻いて串を通す。

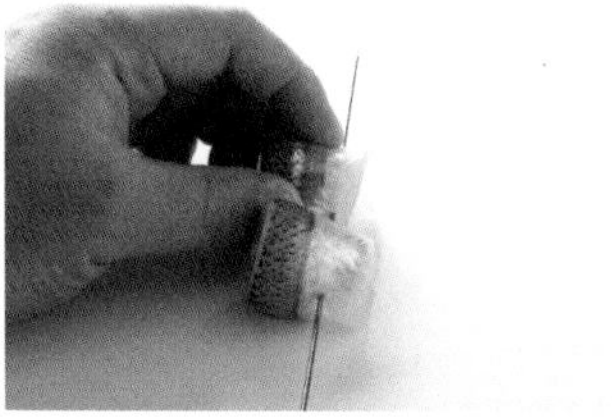

3　隣にもう1本串を打つ。

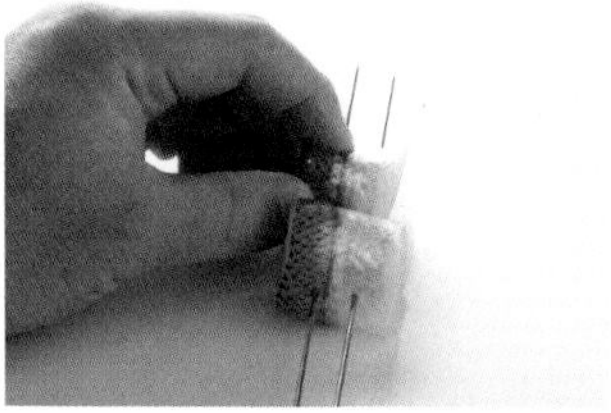

4　両褄折りの完成。

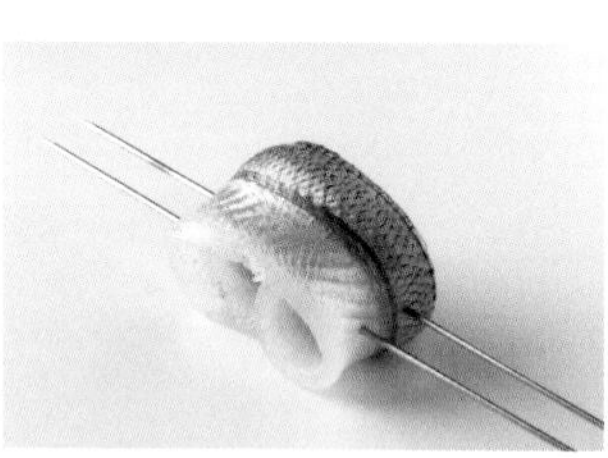

挟み串

2種類以上の食材を交互に重ねて、上と下を数本の串で平らに挟んで焼きます。

複数の食材を一緒に食べさせたいときや、香りや脂などを移したいときに挟み串は有効です。

半月切りにしたダイコンで支えます。下が水平で串が安定するし、味が淡白なのでネタに味が移ることがありません。ダイコンは水分が多いので、熱を伝えにくいことも理由です。

大きいものを挟む際は適宜串の数を増やします。

[挟み串]

1　串を用意する。大根を半月に切って、手前と向こうに串を2～3本並べて打つ。

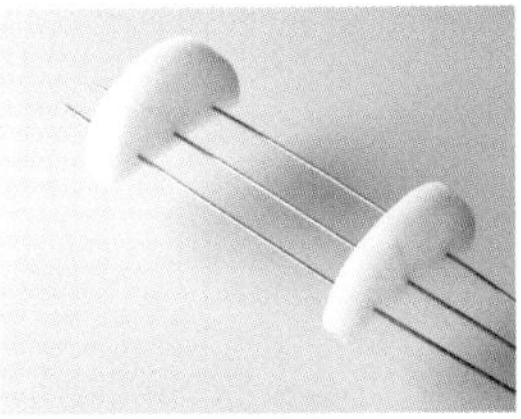

2　まずシイタケを串の上にのせる。

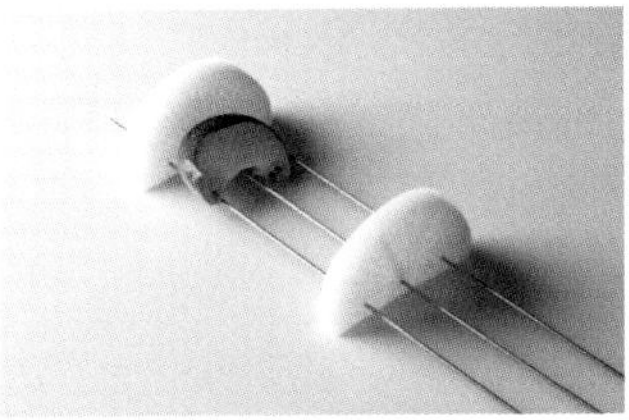

3　次にタイを重ねてのせる。この順に数枚重ねる。

4　ネタを上から押さえるように串を渡して、ダイコンに串を通して支える。

5　もう1本隣に通して上下を串でしっかりと挟んで押さえる。

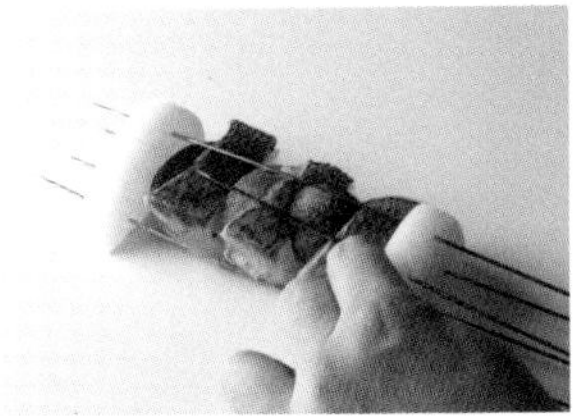

6　挟み串の完成。両面を返しながらきれいに焼けるように、しっかりと挟む。

鯵紫蘇干

1 アジは三枚におろし、そぎ切りにして塩水に20分間浸ける。
2 水気をきって、細かく刻んだ大葉をまぶし、網の上に並べて風干しする。表面が乾けばよい。
3 遠火で両面をあぶって盛りつける。

▼少し干すことで水っぽさが抜けて旨みが凝縮する。

アジ、塩水（塩分濃度1.5%）
大葉

穴子香味干

1 アナゴは背開きにし、合わせた浸け地に20分間浸ける。
2 水気を軽くふいてせん切りにしたバジリコをまぶし、網の上に並べて風通しのよい場所で干す。表面が乾けばよい。
3 アナゴの両面を遠火で網焼きする。

▼アナゴとサンショウの相性は抜群。サンショウに似た香りのバジリコを刻んで応用してみた。

アナゴ、浸け地（醤油1：味醂1：日本酒1）
バジリコ

烏賊わた干

1　イカをさばき、皮をむく。縦に細かく切り目を入れて適宜に切る。
2　浸け地を合わせる。1のイカを浸け地に20分間浸けたのち、汁気をきって網の上に並べて風干しする。表面が乾けばよい。
3　両面を遠火で網焼きする。仕上げに2回ほど浸け地を掛けてあぶり、七味唐辛子をふる。カボスを添える。

▼柑橘類をしぼると、肝のクセが和らぐ。

イカ、浸け地（イカの肝裏漉し1：醤油1：味醂1：日本酒1）
七味唐辛子、カボス

鰯味醂干

1　イワシを三枚におろして腹骨をかき取り、合わせた浸け地に20分間浸ける。
2　汁気をきって、白ゴマをまぶし、網の上に並べて風通しのよい場所で干す。表面が乾けばよい。
3　こがさないように注意し、両面を遠火で網焼きにする。

▼脂がのった魚を干物にする場合は、醤油と味醂で濃いめの味にするとよい。

イワシ、浸け地（味醂2：醤油1：日本酒1）
白ゴマ

鰹薬味干

1 カツオを五枚におろしてさく取りし、1㎝厚さの平造りにする。浸け地を合わせてカツオを30分間浸ける。
2 汁気をきって、浸け地の薬味をカツオの両面にまぶし、網の上に並べ、冷蔵庫に入れて表面を乾かす。
3 こがさないように注意し、両面を遠火で網焼きして火を通す。

▼ある程度水分を抜いているので、冷凍保存できて便利。

カツオ、浸け地（醤油2：味醂1：日本酒1、薬味*、シイタケ粉末少量）

*ショウガ、青ネギの粗みじん切り。

鱚新茶干

1 キスを三枚におろし、塩水に20分間浸ける。
2 水気を軽くふいて新茶茶葉をまぶし、網の上に並べて風通しのよい場所で干す。表面が乾けばよい。冷蔵庫内で乾かしてもよい。
3 取り出して両面を遠火で網焼きし、サッとあぶる。

▼風干しには脂の少ない魚が合う。キスの白い身に新茶の緑が映える。

キス、塩水（塩分濃度1.5%）
新茶茶葉

小鯛柚香焼

1　小ダイは三枚におろし、そぎ切りにする。塩水に20分間浸ける。

2　水気をきって、ユズの皮のすりおろしをまぶし、網の上に並べて風干しする。表面が乾けばよい。

3　両面を遠火で網焼きして、薄切りのカボスを重ねて盛りつける。

▼ユズの香りが活きるように、薄味で。

小ダイ、塩水(塩分濃度1.5%)
ユズの皮、カボス

鮎並アスパラ巻

1　アイナメは三枚におろして腹骨をそぎ取り、骨抜きで残った中骨を抜く。長い1本の帯状になるように片身を互い違いに切る。

2　アスパラガスは歯応えが残るようにゆでてザルに上げる。冷めたら1のアイナメをアスパラの周りにらせんに巻いて楊枝で留める。

3　串を打ち、照焼用たれを掛けて焼く。食べやすく切って盛り、たたいた葉山椒を散らす。

▼たれはこげやすいので手早く仕上げる。

アイナメ
グリーンアスパラガス
照焼用たれ(醤油1：味醂1：日本酒1)
葉山椒

鮎並独活利久焼

1　アイナメは三枚におろして腹骨をそぎ取り、骨抜きで残った中骨を抜く。長い1本の帯状になるように片身を互い違いに切る。

2　ウドは長さ12㎝に切り、皮をむいて縦6等分に割る。酢水を沸かし、歯応えが残るようにウドをゆでる。水にとって粗熱をとり、ザルに広げて水気をきり、合わせたAに15分間浸す。

3　ウドの周りにアイナメをらせんに巻いて端を楊枝で留める。

4　串を打って焼く。完全に火が通ったらAを合わせて掛けながら焼く。食べやすく切り分けて盛り、葉山椒を散らす。

▼ウドと支えの竹串を一緒に巻くと楽に巻ける。

アイナメ
ウド、酢水（水に3%の酢を加える）
A（醤油1：味醂1：日本酒1：白練りゴマ1）
葉山椒

穴子醤油焼

1　アナゴを背開きし、包丁でしごいて表面のヌメリを落とす。串を打って皮目から焼く。皮目がパリッとしたら身側をサッと焼く。
2　軽く焼き目がついたら刷毛で醤油を2度ほどぬって乾かす。
3　食べやすく切り分けて器に盛り、ワサビを添える。

▼皮目からおもに火を入れてパリッとさせ、身側はほぼ余熱で火を入れる。

アナゴ、醤油
ワサビ

アナゴ
白ズイキ、アク抜き汁（ダイコンおろし汁1：水1）、酢
煮汁（だし20：薄口醤油1）
醤油、葉山椒

穴子芋茎巻

1　白ズイキは長さ12㎝に切り、皮をむいて縦6等分に切る。アク抜き汁に1時間浸けたのち、3％の酢を入れた湯で歯応えを残してゆでる。冷水にとって水気をしぼる。

2　ズイキを鍋に移し、かぶるくらいの煮汁を注ぎ、80℃を保って15分間煮る。鍋の中で冷まして味を含ませる。

3　ズイキの汁気をしぼる。アナゴは背開きにして帯状に長細く切り、ズイキの周りにらせんに巻いて端を楊枝で留める。ズイキを支えの竹串と一緒に巻くと楽に巻ける。

4　串を打ち、アナゴの表面をパリッと短時間で焼く。焼き上がりに醤油をぬって乾かす。食べやすく切り分けて、たたいた葉山椒を散らす。

▼ズイキの水分はきっちりと除くこと。

稚鮎塩麹焼

1　塩麹床の材料を合わせてよく混ぜ、稚アユを10分間ほど漬ける。

2　稚アユを取り出して塩麹床をしごいて落とし、串を打って天火で焼く。途中で裏を返して焼く。串を抜いて盛りつける。

▼こげやすいので遠火で焼くとよい。こげそうになったらアルミホイルでおおう。

稚アユ10尾
塩麹床（塩麹大さじ3、ハチミツ大さじ1、煮きり酢大さじ1）

鮎加茂茄子加薬焼

1　加茂ナスは縦半分に切って中をくり抜いて食べやすく切る。うるかだれを合わせておく。

2　加茂ナスに刷毛で油をぬって天火で焼く。

3　アユを三枚におろし、片褄串（↓136頁）を打って天火で焼く。表面が乾いたらうるかだれを掛けて焼く。

4　1のナス釜に3のアユと2のナスを盛り、うるかだれを掛け、刻んだ薬味を混ぜて添える。

▼一度に大量に提供するときは、器のナスは素揚げして、グリルなどで油を落として使う。

加茂ナス、菜種油
アユ
うるかだれ（醤油1：味醂1：日本酒1：たたいたアユ内臓1）
薬味（大葉、ショウガ、ミョウガ、カイワレ菜、ワケギ）

才巻エビ
スルメイカ
酒盗だれ（酒盗1：日本酒1）
新ギンナン、揚げ油
スダチ

海老烏賊酒盗焼

1　才巻エビは殻をむいて腹から包丁を入れて開く。スルメイカはおろして皮をむき、表面に鹿の子の包丁目を入れておく。
2　酒盗だれを用意する。酒盗に同量の日本酒を合わせてたれをつくり、1のエビとイカを20～30分間浸ける。
3　コンロの上にオーブンなどでよく焼いた石をのせ、2のエビとイカを焼く。殻と薄皮をむいて素揚げした新ギンナンを盛り合わせる。別にスダチを添える。

▼初夏に仕込んだ酒盗がおいしくなる秋口の献立。エビやイカ以外に白身魚やカキなどの貝類などを浸けてもよい。

牡蠣松前焼

1　カキむき身を合わせた浸け地に20分間ほど浸けておく。
2　昆布を正方形に切りそろえて表面をあぶっておく。
3　1のカキを網で焼き、8割程度火が通ったら、おぼろ昆布をまぶして2の焼き昆布の上にのせ、上火であぶって器に盛り、おろしショウガを添える。

▼カキは焼きすぎない。ハマグリやアワビなども合う。

カキむき身
浸け地（醤油1：日本酒1：味醂1、おろしショウガ適量）
おぼろ昆布、おろしショウガ
昆布

魳葱巻 酒盗掛

1　カマスを三枚におろし、小骨を抜いて薄塩をあてる。20分間おいたのち、サッと水洗いして水気をふく。
2　ワケギは熱湯でサッとゆで、カマスの身幅に切りそろえる。カマスの皮目に5㎜くらいの深さの切り目を細かく入れてワケギを巻く。楊枝で留め、串を打って焼く。
3　表面が乾いてきたら酒盗だれ（酒盗と日本酒を合わせたもの）を掛けながら焼き上げる。串を抜いて盛りつける。

▼カマスの表面が乾かないとたれがのらないので、途中から掛け焼きにする。

カマス、塩
ワケギ
酒盗だれ（酒盗1：日本酒1）

秋刀魚友肝焼

1　サンマを三枚におろし、腹骨をそぎ落として半分の長さに切る。
2　浸け地の材料を合わせて、1のサンマを30分間浸ける。汁気をきって片褄串（→136頁）を打って焼く。表面が乾いたら浸け地を掛けながら、こがさないように焼き上げる。
3　器に盛りつけてスダチを添える。

▼肝が美味しいアユやイカも合う。

サンマ
浸け地（醤油1：日本酒1：味醂1：裏漉したサンマの肝1、おろしショウガ）
スダチ

蛤いしる焼

1　ハマグリの殻をはずして掃除し、ハマグリとむき汁を殻に戻して天火で焼く。
2　トマトだれの材料を混ぜ合わせておく。
3　ハマグリに半分くらいまで火が通ったら、2のトマトだれを掛けてサッと焼き、身を裏返してさらに焼く。
4　焼き上がったら小口から刻んだアサツキを散らして、練り塩（分量外）で支えて器に盛る。

▼ハマグリは焼きすぎず、しっとり仕上げる。

ハマグリ
トマトだれ（醤油1：トマトジュース1：レモン汁1：いしる醤油1：トマト小角切り3）
アサツキ

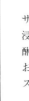

ハマグリ
胡桃だれ（だし5:醤油1:味醂1、追ガツオ、クルミ、ラー油、ニンニクすりおろし）、長ネギみじん切り
かもじネギ

蛤胡桃焼

1　胡桃だれをつくる。だし、醤油、味醂を火にかける。沸いたら追ガツオをしてそのまま冷まして漉す。だしとだしの1／5量のクルミをすりつぶし、ラー油少量、ニンニクすりおろし少量を加えてたれをつくる。

2　ハマグリを網の上にのせて焼く。殻が開いたら身をはずして裏返し、上に長ネギのみじん切りを散らし、胡桃だれを掛けて焼く。

3　もう一度胡桃だれを掛けて上火で焼く。殻を1枚はずし、練り塩（分量外）の上に盛る。上にかもじネギを添える。

▼胡麻だれや落花生だれなど、種実をすりつぶしたたれが合う。

合鴨むね肉
マツタケ
焼だれ（醤油1：日本酒1）
スダチ

鴨松茸挟み焼

1　合鴨はフライパンで皮側を焼く。きれいに焼き色をつけたら、食べやすいように皮に包丁目を入れてそぎ切りにする。
2　マツタケは合鴨の身幅に切りそろえて薄切りにし、交互に並べる。串で上側と下側を挟んで、串の両端をダイコンに刺して支える（挟み串↓137頁）。
3　直火で焼き、途中から合わせた焼だれを掛けながら焼き上げる。串をはずして盛りつけ、スダチを添える。別にだしで割ったポン酢を添えてもよい。

▼食材の食べ合せのよいものを一緒に焼く場合、挟み串にすれば、マツタケが鴨の脂を吸って一層美味しくなる。

タケノコ
アク抜き汁A（ダイコンおろし汁200cc、水200cc、塩4g）
アク抜き汁B*（40℃の湯1リットル、米糠30g）
焼だれ（醤油5：日本酒1）
カツオ節、木ノ芽

*材料を合わせて10分間40℃を保って加熱し、目が細かいザルで漉す。

筍土佐焼

1　タケノコのアクを抜く。タケノコは皮をむき、根元は輪切り、穂先はくし形に切ってアク抜き汁Aに2時間浸す。タケノコを水洗いして、アク抜き汁Bに浸し、40℃を保って10分間以上おいてアクを抜く。
2　取り出して水洗いし、水気をふいて鹿の子に細かく切り目を入れて串を打ち、焼だれをぬりながら香ばしく焼き上げる。
3　タケノコを盛りつけ、削りたてのカツオ節を盛り、木ノ芽を散らす。

▼米糠の酵素が活性化する温度を保ってタケノコのアクを抜く。米糠でタケノコの甘みを補うことができる。

鮎蓼蝋焼

1　アユは大名おろしにして腹骨をそぎ取る。
2　浸け地をつくる。アユの内臓を包丁でたたき、醤油、日本酒、味醂を合わせて30分間おいたのち、漉す。アユをこの地に20分間浸けて汁気をきる。
3　蓼蝋をつくる。タデの葉をすり鉢でよくすり、卵黄をすり混ぜる。
4　アユに串を打ち、両面を焼く。火が通ったら3の蓼蝋を2、3回ぬってはあぶって乾かし、仕上げる。両端を切りそろえて盛りつける。

▼蓼蝋は卵黄が入っているので溶けずに固まる。タデは退色しにくいので仕込んでおける。

アユ、浸け地（醤油1：日本酒1：味醂1：アユの内臓1）
蓼蝋（タデの葉すりつぶし小さじ1/2、卵黄1個分）

落ちアユ、塩
蓼蝋(タデの葉、卵黄、片栗粉、塩)
生姜醤油(醤油、ショウガ汁)
タデの葉

落ち鮎蓼蝋焼

1　落ちアユは三枚におろし、薄塩をあてて15分間おく。卵と肝にも薄塩をあてる。

2　蓼蝋をつくる。タデの葉をすり鉢ですり、卵黄をすり混ぜる。片栗粉を少量混ぜて、少量の塩を加える。タデの辛みを感じられる程度のタデの葉を使う。

3　アユに平串を打ち、両面を焼く。焼き上がりに蓼蝋をぬっては乾かすことを2、3回くり返して仕上げる。卵と肝も網焼きにして、焼き上がったら生姜醤油をたらす。

4　器にアユと卵と肝を盛り合わせ、タデの葉をあしらう。

▼落ちアユとは秋に産卵のため川をくだってきたアユのこと。錆びアユ、下りアユともいわれる。蓼蝋のタデの葉を少なめにして秋らしく色づけた。

牡蠣松の実焼

1　カキの殻をはずし、合わせた浸け地の中に10分間浸したのち汁気をきる。カキを殻に戻し、網で焼いて8割ほど火を入れる。
2　松ノ実衣をつくる。松ノ実をフライパンで焼き色がつかないように煎り上げる。衣の材料をすべて混ぜ合わせる。最後にショウガ汁を加える。
3　1のカキに2をのせて、天火で焼き目をつける。練り塩（分量外）の上に盛りつける。

▼松ノ実衣は牛肉や鶏肉、豚肉にも合う。

殻つきカキ
浸け地（醤油1：日本酒1：味醂1、おろしショウガ適量）
松ノ実衣（松ノ実50g、卵黄30g、豆乳30cc、白味噌30g）、ショウガ汁5cc

サクラマス、塩
A（松ノ実100g、ニンニクみじん切り10g、生アオサノリ150g、薄口醤油30cc）

桜鱒苔焼

1 サクラマスは三枚におろして切り身にし、薄塩をあてて20分間おく。塩がなじんだら水洗いして水気をふく。
2 Aを用意する。松ノ実は弱火のフライパンで煎る。出てきた油でニンニクを炒める。ニンニクに火が入ったら、松ノ実とともにフードプロセッサーにかける。ペースト状になったらアオサノリを加えて混ぜ、薄口醤油で味をつける。
3 1のサクラマスに串を打ち、天火で焼く。両面が焼けて皮がパリッとしたら、Aを苔に見立ててのせ、温まる程度に焼く。串を抜いて盛りつける。

▼苔に見立てた衣は、松ノ実のコクがあり、アオサノリが色鮮やか。アワビなどの貝類にも合う。

鶏難波焼

1　鶏もも肉は塩、コショウをふり、冷たいテフロン加工のフライパンで皮目から中火で7分間焼く。皮目がこんがり焼けたら裏を返して5分間焼く。焼き上がりに七味唐辛子をふる。
2　葱あんをつくる。卵白を泡立て器で溶きほぐす。溶いた卵白にワケギ適量を混ぜる。
3　鶏もも肉を食べやすく切り分け、上に葱あんをのせて天火で温める。

▼冷たいフライパンで焼き始めると、皮が急に縮まず、全体が均等にパリッときれいに焼ける。

鶏もも肉、塩、コショウ
葱あん（ワケギ小口切り、卵白）
七味唐辛子

小芋田楽

1 小イモは平らなバットに並べて蒸し器に入れ、強火で5〜6分間蒸し、乾いたフキンでこすって皮をむく。米糠を加えた湯でゆで、柔らかくなったら取り出して湯洗いし、水気をきる。
2 葱味噌をつくる。材料をすべてすり鉢に入れてすり合わせる。
3 小イモに串を打って焼く。焼き目がついたら葱味噌をのせて軽くあぶる。

▼食べやすく串を刺して素揚げしても美味。

小イモ、米糠
葱味噌（信州味噌30g、青ネギ20g、白煎りゴマ20g、水30cc）

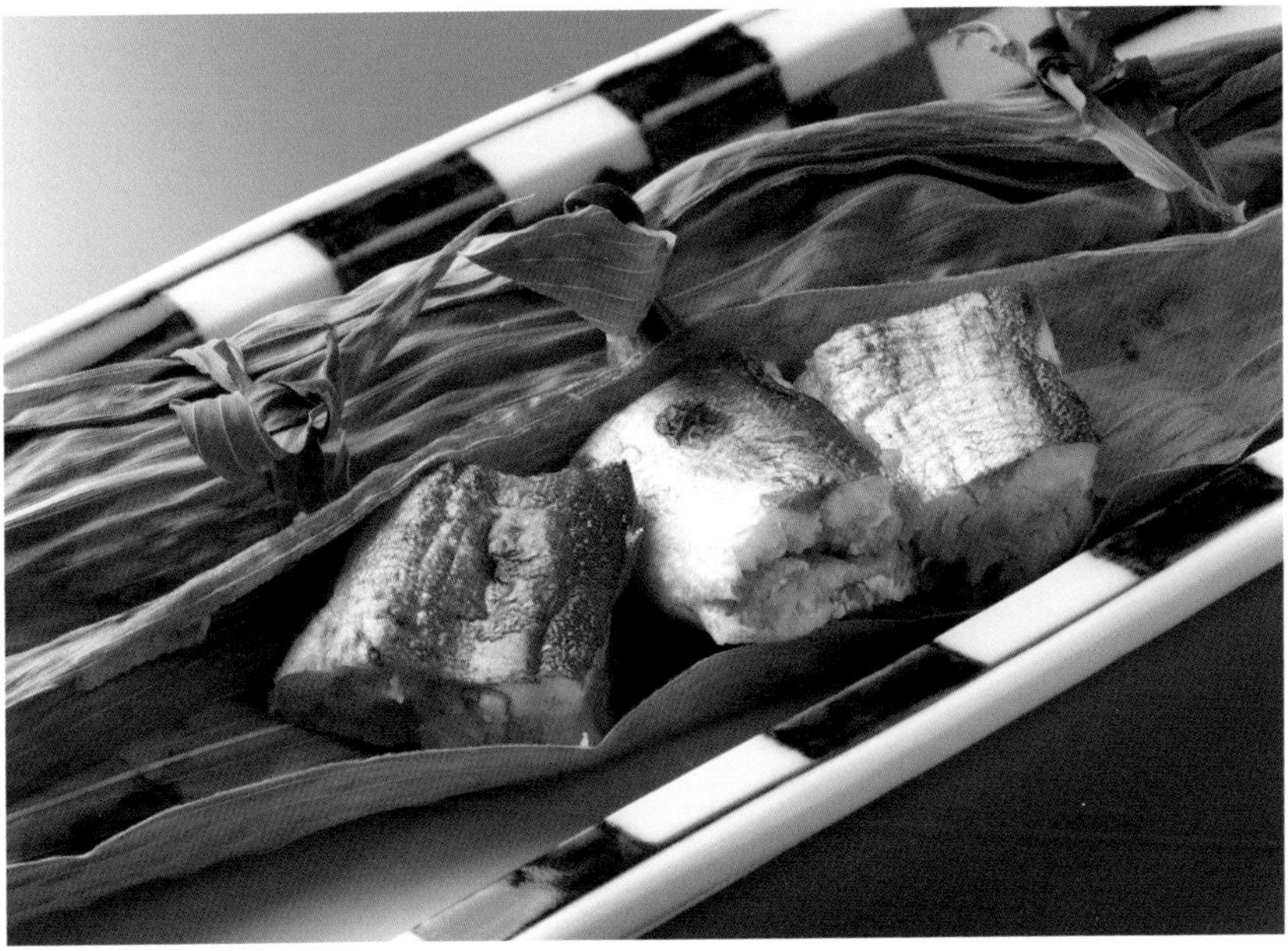

鮎笹包み焼

1　アユは背開きにして中骨をはずし、腹骨をそぎ取る。薄塩をあてて15分間おき、サッと水洗いして水気をふく。
2　蓼味噌をつくる。タデの葉をすり鉢ですり、白玉味噌とすり合わせる。
3　アユの内側に蓼味噌をぬって、アユの形に戻し、2～3枚の笹で包んで3カ所ほど紐で結び、250℃のオーブンで20分間焼く。食べやすく切って盛りつける。

▼アユに塩をあてて水分を適度に抜くこと。

アユ、塩
蓼味噌（タデの葉、白玉味噌*）
笹の葉

*白味噌200g、卵黄1個分、日本酒30cc、味醂30ccを合わせて中火にかけて練る。卵黄がなじんでつやが出たら火からおろす。冷蔵庫で1週間日持ちするが、徐々に風合いがなくなる。

焼栄螺、野菜 緑あん添え

1 サザエを殻から取り出し、58℃のスチームコンベクションのスチームモードで30分間加熱する。取り出してグリルで焼き目をつけて切る。
2 野菜を適宜に切って、網焼きにする。
3 緑あんをつくる。ニラをサッとゆでてフードプロセッサーにかけてペースト状にする。ご飯にドレッシングを入れてすり混ぜ、ニラペーストを混ぜる。
4 サザエ、焼野菜を盛り、緑あんを殻に注いで盛り合わせる。おろしショウガを添える。

▼サザエは低温で蒸すと、しっとりと蒸し上がる。

サザエ、醤油
焼野菜（ナガイモ、ゴボウ、ズッキーニ、レンコン、ヤングコーン、シシトウガラシ、ナス）
緑あん（ニラ1/2束、ご飯80g、ドレッシング*200cc）
おろしショウガ

*サラダ油5：ゴマ油1：酢4：薄口醤油1を撹拌して煮きる。

桜海老焼玉

1 焼玉地を用意する。生サクラエビをフードプロセッサーで粉砕し、その他の材料をすべて加えて回す。
2 玉子焼き器にサラダ油をひいて、1を1cm厚さ程度流して中火で焼く。焼き色がついたら裏返して弱火でじっくり火を通す。
3 香ばしく焼けたら取り出して、食べやすく切り分け、大葉を敷いて盛りつける。

▼韓国のチヂミ風。焼けるまで時間がかかるので弱火で。

焼玉地（生サクラエビ100g、青ネギ50g、油揚げ*45g、薄力粉80g、水40cc、卵黄1個分、薄口醤油15cc）、サラダ油
大葉
*フードプロセッサーで細かく砕いておく。

マグロのトロ、塩、コショウ
白髪ネギ、大葉
洗いネギ、おろしショウガ

鮪葱巻

1 トロを薄くそぎ切りにし、塩、コショウをふる。
2 大葉で白髪ネギを筒状に巻き、これを1の切り身で巻く。端を楊枝で留めて表面をサッと網焼きする。
3 器に盛り、洗いネギ、おろしショウガをのせる。

▼網焼きしてトロの脂を落とし、香ばしく焼く。スダチをしぼってもよい。

牛もも肉（ブロック）、塩、コショウ、酢
ナス
淡曙酢（卵黄40g、つぶしたトマト*50g、薄口醤油5cc、塩少量）、レモン汁10cc

*湯むきして種を除き、包丁でたたいたもの。

牛肉と焼茄子 淡曙酢

1　牛もも肉の表面に塩、コショウをふり、網で表面を焼く。酢をつけてたたき、そぎ切りにする。
2　ナスは箸で数か所穴をあけ、網焼きして水にとる。熱いうちに皮をむき、水気をふく。手で食べやすく割く。
3　淡曙酢をつくる。ボウルに材料をすべて合わせて湯煎にかけてよく混ぜ、柔らかく火を入れる。最後にレモン汁を加えて酸味をつける。
4　牛肉と焼ナスを盛り合わせ、淡曙酢を掛ける。

▼淡曙酢はどんな種類の肉にもよく合う。焼いた牛肉に酢をたたくと、脂がやわらげられて、まろやかな味に。

焼筍と焼野菜

1　タケノコは輪切りにして断面に細かく鹿の子の包丁目を入れる。アボカドは種を抜いて皮をむき、薄いくし形切りにする。グリーンアスパラガスはかたい根元を切り落とす。

2　1の野菜にサラダ油をぬって天火で焼く。

3　彩りよく盛りつけ、木ノ葉生姜をあしらい、合わせた生姜醤油を添える。

▼季節の野菜は種類を問わないが、下ゆでせず生のまま焼いてもおいしく食べられるものを選ぶ。

アク抜きしたタケノコ（→152頁筍土佐焼）、
アボカド、グリーンアスパラガス
サラダ油
木ノ葉生姜、生姜醤油（だし1：醤油1、おろしショウガ）

干し貝柱20g
もち米2合、地（干し貝柱の戻し汁5：薄口醬油1）
万願寺唐辛子

万願寺唐辛子
干し貝柱入り飯蒸し

1　干し貝柱を水で戻す。戻し汁に薄口醬油で味をつけ、貝柱をほぐして戻し、洗ったもち米を3時間浸す。

2　ぬらしたサラシで1のもち米と貝柱を包み、蒸し器で蒸す。30分間たったら取り出してボウルに移し、1の戻し汁を60ccほどからめ、再び5分間蒸す。

3　万願寺唐辛子の側面に包丁で切り目を入れ、種を取り除き、2のおこわを詰めて網焼きする。

4　食べやすく切って盛りつける。

▼干し貝柱のかわりに干しエビ、ジャコ山椒などのように旨みや香りのアクセントのある食材が向く。

吸い物の展開

お通しなどの最初の一品に、小さな汁物や小鍋を出すと、食欲が刺激されます。ぜひ取り入れてみてください。

さて代表的なお澄ましの吸い物地は0・75％の塩分濃度が基本です。これは一番だし25に対して薄口醤油1、日本酒が0.5の割で合わせます。椀物などに用いるだしのおいしさを楽しむ濃度です。これが味噌汁、そばやうどんのかけ汁になると塩分濃度は1％近くまで上がります。

塩分濃度の違いには、中に入れる材料や分量も大きくかかわってきます。味噌汁が具沢山の野菜であったり、そばやうどんといった麺類などのように、あまり塩味がついていないものならば、汁の塩分濃度は高めになります。

一方しんじょや塩をあてた魚などのように、あらかじめ濃いめの味つけがされているものを具にするときは、汁の塩分は少なめにします。豆腐などのように味はついていなくても、あられのように小さく切ればそれほど塩味を濃くする必要はありませんが、大きく使う場合などは少し濃いめにしたほうがいいでしょう。

だしと水では塩味の感じ方が違います。水のほうが塩味を強く感じます。だしは旨みがあるためまろやかに感じます。旨みが強くなるほど塩味の感じ方は柔らかくなるため、水と同程度の塩味を感じるためには、塩分量は多めになります。また、塩味は温度によっても感じ方が違います。高いほうが強く、低いほうが弱く感じます。

［合せだしの塩分と具材との関係］

合せだしの塩分：多

4：1：1

5：1：1

土佐酢

合せだしの塩分：多／合せる具材：多

・寄せ鍋（食材から水分が出るもの）温
・かけそば 温
・小鍋／野菜ペーストすり流し 温
・治部煮 温
・煮魚 温 ・親子丼 温
・揚げ浸し 温 ・玉子とじ 温
・当座煮 冷
・野菜あん 温

合せだしの塩分：多／合せる具材：少

・そばつゆ 冷
・天つゆ（食材をつけて食べるもの）冷
・揚げ出し地 温
・浸し地 冷
・加減酢 冷
・しゃぶしゃぶのたれ 冷
・その他たれ類

合せる具材：少 ← 八方地 → 合せる具材：多

鍋物地

吸い地

合せだしの塩分：少／合せる具材：多

・煮浸し 温 ・沢煮椀 温 ・冷や汁 冷
・おでん（食材から塩味が出るもの）温
・かけうどん 温 ・雑煮（具沢山なもの）温
・野菜のすり流し汁 温
・お椀（塩をあてた魚の椀種）温
・とろろ汁 温 ・茶碗蒸し 温
・味噌汁（具沢山の野菜）温
・小鍋／柳川 温 ・小鍋／魚介のすり流し 温
・小鍋／みぞれ鍋（野菜のすりおろし）温

合せだしの塩分：少／合せる具材：少

・お椀（だしを飲む）温
・白味噌仕立てのお椀 温
・かぶら蒸し 銀あん掛 温
・船場汁 温
・味噌汁（具が少ない）温
・小芋の含め煮 温・冷

合せだしの塩分：少

4：1：1＝
だし4：醤油1：味醂1
（胡麻だれなど）

5：1：1＝
だし5：醤油1：味醂1
（べっ甲あんなど）

一番だし＝
水1リットル＋昆布5g＋
カツオ節10g

昆布だし＝
水1リットル＋昆布30g

本枯節の雄節（背側）を
使用している（枕崎産）。

道南の真昆布を使用。

［カツオ節の準備］

カツオ節を水に浸ける。上をキッチンペーパーでおおって、全体に水が回るようにして1晩おく。取り出して蒸すか焼いて表面の水分を飛ばし、血合いや汚れを包丁でこそげ落としておく。

一番だし

一番だしは香りが命。ですからお椀に使う一番だしは、提供直前にカツオ節を削ってとります。こうすれば少ない量のカツオ節でも、極上の香りとほどよい旨みを抽出することができます。

だしはどんな場面で使うときも、とにかく濃ければいいというものではありません。あくまでも食材に寄り添って、引き立てることが大事です。

[一番だしのとり方]

1　鍋に水と昆布を入れて火にかける。

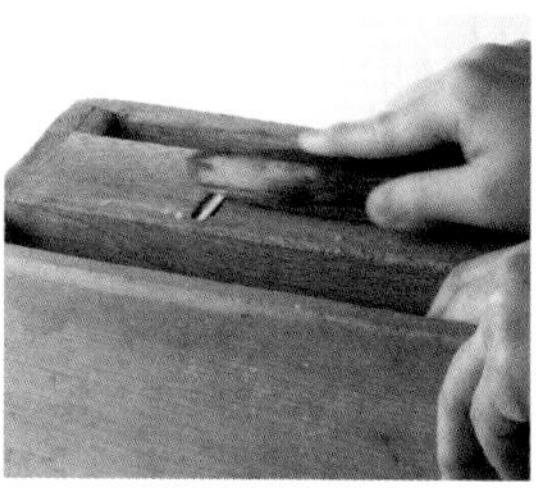

2　カツオ節を削る。少しずつ角度をかえてずらしながらなめらかに削る。力は入れなくていい。

3　削ったカツオ節。

4　80℃になったら昆布を取り出す。

5　火を止め、削ったカツオ節を入れて、1分間おく。

6　ザルの上にキッチンペーパーを敷いて5を漉す。

昆布だし

昆布だしは、魚介類や肉類を使った料理によく合わせます。カツオ節を使っただしでは魚介類や肉類の動物性の旨みとぶつかってしまうので、植物性の昆布でとった旨みを合わせているのです。

昆布だしのコツは、昆布くささが出ないようにその手前まででだしをとり終えること。温度でいうと60～65℃で旨みを抽出していきます。これ以上の温度になるとヨード臭が出てきてしまいますので注意しましょう。

［昆布だしのとり方］

1　鍋に水と昆布を入れて火にかける。

2　60～65℃を保って10～15分間煮出す。

3　昆布を取り出す。

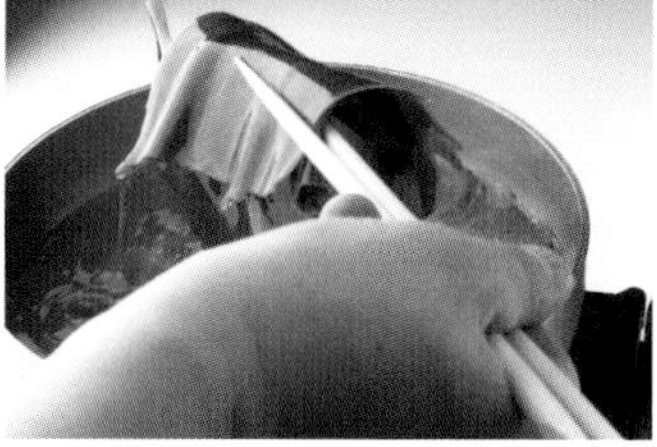

殻つきアサリ、水、昆布
薄口醤油、日本酒
ソバの実
色紙ネギ、セリ

浅蜊そばの実

1　アサリだしをとる。殻つきアサリを水に浸して5分間おいてよく洗う。鍋に移して浸るくらいの水を注ぎ、昆布を入れて火にかける。
2　沸騰してアサリの殻が開いたら火を止めて漉し、アサリだしをとる。アサリだし200ccに薄口醤油10cc、日本酒5ccを加えておく。
3　ソバの実は10分間浸水してザルに移す。ザルごと蒸し器で10分間蒸して柔らかく戻す。
4　小鍋に3と2を入れて火にかける。一煮立ちしたらアサリと色紙ネギ、ざく切りにしたセリを散らして温める。

▼アサリで旨みをとった。この場合はカツオだしではなく水を使ったほうがアサリの旨みが際立つ。

アナゴ
蕗だし（昆布だし200cc、フキ100g、薄口醤油12cc）
木ノ芽

穴子蕗みぞれ

1　アナゴは背開きにする。串を打ち、白焼きにして一口大に切りそろえる。
2　フキはまな板の上で塩（分量外）をまぶして転がし（板ずり）、熱湯でゆで、冷水にとって皮をむく。根元のほうを100g取り分け、フードプロセッサーにかける。上の細いほうは1cm長さに切る。
3　昆布だしに2のフキを合わせて薄口醤油で味を調える。小鍋に移して1のアナゴを入れて火にかける。一煮立ちしたら木ノ芽を入れる。

▼春先に向く鍋。フキは昆布だしと合わせて香りをやわらげる。

穴子柳川

1　アナゴは背開きにする。霜降りして冷水にとり、皮目のヌメリを包丁でこそげ落として一口大に切る。
2　柳川鍋に笹がきゴボウを敷き詰め、斜め切りにした長ネギ、アナゴを盛り、合わせた割下を鍋の6分目まで注いで火にかける。
3　途中でアナゴを返し、火が通ったらよく溶いた卵を回し入れて、ざく切りにした三ッ葉を散らす。好みで粉山椒かコショウをふる。

▼アナゴの香りを生かすために、カツオだしではなく、昆布だしを使用した。

アナゴ、ゴボウ、長ネギ
割下（昆布だし8：薄口醤油1：味醂1）
卵、三ッ葉
粉山椒またはコショウ

鮟肝牛蒡仕立て

1　アンキモは血抜きをして薄皮をむく。塩水に30分間浸して水気をふき取る。ラップフィルムを敷いた巻簾で巻き込み、ラップの両端を留める。巻簾を輪ゴムで留めて20分間蒸す。
2　小鍋にすり流しの材料を合わせる。1のアンキモを輪切りにして鍋に入れて火にかける。仕上りにみじん切りの長ネギとシュンギク、柚子コショウを入れる。

▼ゴボウはアクが回るのでおろしたてを使用するが、火を入れたあとはさほど変色しない。

アンキモ100g、塩水（塩分濃度1.5%）
すり流し（ゴボウすりおろし50g、だしA*200cc）
長ネギみじん切り20g、シュンギク、柚子コショウ少量

*だし15：薄口醤油1：味醂0.5を合わせる。

カキすり流し（カキペースト1：だしA*4）
サトイモ、米糠、吸い地（昆布だし500cc、薄口醤油2.5cc、塩小さじ1/2）
ワケギ
おろしショウガ

*昆布だし25：薄口醤油1：日本酒0.5を合わせる。

里芋牡蠣すり流し

1　サトイモを炊く。皮をむいて大きめに切り、米糠を一つかみ入れた水からゆでる。串が入るようになったら水にさらす。吸い地を合わせてサトイモを10分間ほど煮て味を含ませる。
2　カキすり流しをつくる。カキむき身は生のままフードプロセッサーでペースト状にする。
3　小鍋にだしAと2のペーストを入れて火にかけ、沸いたら1のサトイモ、3㎝に切りそろえたワケギを入れる。おろしショウガを添える。

▼カキはむき身のまま煮ると、貝柱と身に食感の違いができてしまうので、ペーストにして均一にし、味のバランスもとる。

カキむき身
豆乳100cc、クリームチーズ50g、柔らかいご飯50g、薄口醤油15cc
三ッ葉、ばら海苔

牡蠣クリーム仕立て

1 カキは70℃程度の湯にくぐらせて霜降りし、冷水にとって軽く洗い、水気をふく。
2 フードプロセッサーにご飯を入れて回し、ペースト状になったらクリームチーズ、豆乳を加えて、薄口醤油で味を調える。
3 小鍋に1のカキと2を注いで火にかけ、沸騰したらざく切りにした三ッ葉を散らして火を止める。ばら海苔を散らして提供。

▼カキの旨みを抽出。フードプロセッサーにかけるときは、粘りの強いものや固形のもののように細かくなりにくいものから順に回していくとよく混ざる。

蟹みぞれ仕立て

1　松葉ガニは蒸し上げてさばき、身をほぐしておく。
2　カブは皮をむいてゆでる。フードプロセッサーにご飯を入れて回し、ゆでたカブを入れてさらに回してペースト状にする。ここに水と豆乳を加えてのばし、薄口醤油で味をつける。
3　小鍋に2と松葉ガニのほぐし身を入れて火にかける。仕上りによりショウガ、洗いネギを添える。

▼カツオを効かせただしは使わないほうが、カブとカニの旨みをそのまま生かせる。

松葉ガニ
カブみぞれ（カブ150g、豆乳150cc、柔らかいご飯50g、水50cc、薄口醤油20cc）
よりショウガ、洗いネギ

唐寿美 銀杏粥

1　ギンナンは殻と薄皮をむいて生のまま裏漉しする。
2　ご飯を昆布だしで煮る。ご飯に粘り気が出てきたら、1を入れて塩で味をつける。
3　2を小鍋に移して温め、薄切りにしたカラスミと小口切りのワケギをのせて温める。

▼だしは香りが立ったカツオだしではなく、昆布だしを使って、ギンナンの香りを生かす。

昆布だし300cc、ご飯100g、ギンナン50g、塩適量
カラスミ粕漬（→50頁唐墨粕味噌飯蒸し）
ワケギ

鮭粕仕立て

1　生サケは一口大に切り、薄塩をあてて30分間おいたのち水洗いし、水気をふいて焼く。ここで完全に火を通す。

2　ゴボウは小口切り、コンニャクは色紙切り、ニンジンは小口切りにして下ゆでする。

3　粕汁をつくる。だしAと練り酒粕を合わせる。小鍋に適量を注ぎ、1のサケ、2の野菜類を入れて火にかける。一煮立ちしたらワケギを入れ、七味唐辛子をふる。

▼吟醸酒の練り粕を使うと、香りが一段よくなる。

生サケ、塩
ゴボウ、コンニャク、ニンジン
粕汁(だしA*200cc、吟醸練り酒粕100g)
ワケギ、七味唐辛子

*だし15:薄口醤油1:味醂0.5を合わせる。

鰆みぞれ鍋

1 サワラは一口大の切り身にして塩をふる。30分間おいたのち霜降りして冷水にとる。
2 ハクサイは熱湯でゆでてザルにとり、巻簾で巻く。生胡麻麩はあぶって焼き目をつける。
3 割下をつくる。材料をすべて合わせる。なおダイコンおろしは臭みをやわらげるために細目のザルで水気をきる。
4 小鍋に割下、サワラ、2を入れて火にかけ、一煮立ちしたらヤマトイモと木ノ芽を添える。
▼みぞれ仕立てにすると具材に味がからみやすくなる。サワラのかわりにカニのほぐし身も合う。

サワラの切り身、塩
割下(だし15:薄口醤油1:日本酒0.5、ダイコンおろし)
ハクサイ、生胡麻麩、ヤマトイモすりおろし
木ノ芽

螺水雲

1　ツブ貝は殻をはずして熱湯で霜降りし、冷水にとって洗い、水気をふく。5㎜厚さの薄切りにする。
2　きれいに掃除したモズクと、だしAを小鍋に移して火にかける。沸いたらツブ貝を入れ、仕上げにワケギと針ショウガを添える。

▼ツブ貝以外にイサキやタチウオなどの魚介類も合う。

ツブ貝
だしA*300cc、生モズク60g
ワケギ、針ショウガ
*昆布だし15：薄口醤油1：味醂0.5を合わせる。

蛤いしる鍋

1　ホウレンソウの葉を刻み、塩を加えてすり鉢でする。これを熱湯でサッとゆで、冷水にとって水気をしぼる。
2　ラディッシュは角に面取りする。
3　小鍋にハマグリとラディッシュ、だしA、色どりに1のホウレンソウを入れて火にかける。殻が開いたらレモン汁を加えて、コショウをふる。

▼魚醤のいしるにレモン汁を加えると独特の香りが抑えられて食べやすくなる。

ハマグリ
だしA（無塩トマトジュース200cc、水200cc、いしる醤油*20cc）
ラディッシュ、ホウレンソウ1束、塩10g
レモン汁、コショウ
*イカのいしるを使用した能登産。

ふかひれ青菜仕立て

1　フカヒレをバットに並べ、薄い斜め切りにした長ネギと薄切りのショウガをのせ、日本酒をふる。蒸し器で20分間蒸してザルに上げておく。
2　青菜だしをつくる。シュンギクピューレをだしAと合わせる。
3　小鍋にフカヒレを入れて2を注ぎ、火にかけて一煮立ちさせる。仕上りに針ショウガを添える。

▼水溶き片栗粉でとろみをつけてもよい。

戻し済フカヒレ、長ネギ、ショウガ、日本酒
青菜だし（だしA*300cc、シュンギクピューレ**30g）
針ショウガ
*だし15：薄口醤油1：味醂0.5を合わせる。
**葉を刻んですり鉢ですったシュンギクを熱湯でサッとゆで、冷水にとって水気をきる。

白子　白菜仕立て

1　フグの白子は食べやすい大きさに切り、串を打ってあぶり、焼き目をつける。
2　すり流しをつくる。ハクサイはだしAで柔らかく煮たのち、ミキサーにかける。すり流しを小鍋に取り分け、1の白子を入れて火にかける。
3　沸騰したら、小口切りのワケギを散らして、おろしショウガを添える。

▼ハクサイは旨み成分を含む野菜。白子はあぶりたてを使うこと。

フグ白子
すり流し（ハクサイ150g、だしA*500cc）
ワケギ、おろしショウガ
*だし15：薄口醤油1：味醂0.5を合わせる。

ブリ、塩
だし200cc、柔らかめのご飯50g、ダイコン150g、薄口醤油20cc
シメジタケ、長ネギ
ワケギ、針ユズ

鰤大根仕立て

1　ブリは一口大の切り身にして薄塩をあてて30分間おいたのち、熱湯をかけて霜降りし、冷水にとって軽く洗い、水気をふく。

2　ご飯をフードプロセッサーにかけ、ペースト状になったら、ゆでたダイコンを入れて回す。だしを加えてのばし、薄口醤油で味をつける。

3　鍋に1のブリと2を入れて、弱火でブリに火を入れていく。煮立ったらシメジタケと斜めに切ったネギを入れる。

4　仕上りに針ユズと小口切りのワケギを添える。

▼ダイコンは柔らかくなるまでゆでて甘みを出しておく。

帆立蓮根仕立て

1　ホタテ貝は殻をはずして掃除し、貝柱を半分に割いて70℃の湯で霜降りする。
2　すり流しをつくる。すりおろしたレンコン、豆乳、水を鍋に入れて火にかけて練り、最後に塩を加える。
3　小鍋に2を入れて温め、ホタテを入れ、色よくゆでたウグイス菜を添えて七味唐辛子をふる。

▼豆乳とおろしたレンコンの濃度で、クリームシチューのような味わいに。

ホタテ貝
すり流し（レンコンすりおろし100g、豆乳200cc、水100cc、塩3g）
ウグイス菜、七味唐辛子

北寄貝海苔仕立て

1　ホッキ貝は殻をはずして掃除する。熱湯で霜降りをして冷水で洗い、一口大に切る。
2　海苔だしをつくる。だしAに生海苔（だしの15分の1程度）を混ぜる。小鍋に移し、ホッキ貝を入れて煮立てる。仕上げに色紙ネギを散らす。

▼ホッキ貝の旨みには、昆布だしが合う。

ホッキ貝
海苔だし（だしA*150cc、生海苔10g）
色紙ネギ
*昆布だし15：薄口醤油1：味醂0.5を合わせる。

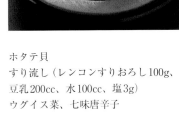

（20人前）
スッポン1枚（800g）、水3リットル、昆布適量
鍋だし（スッポンのスープ20：薄口醤油1：日本酒1、青ネギ）
長ナス1本、揚げ油
卵10個、粉山椒

すっぽんの玉締め

1　スッポンはほどいて60〜70℃の湯に1〜2分間浸けて水にとり、薄皮をむく。鍋に移し、水、昆布を入れて強火にかける。沸いたらアクをとり、中火で30〜40分間煮る。身やゼラチン質が柔らかくなり、旨みが出たらザルで漉す。身から骨や脂をすべて取り除き、一口大にほぐす。

2　鍋だしをとる。1で漉したスッポンのスープを火にかける。アクをすくい、笹切りにした青ネギを入れて分量の薄口醤油と日本酒を加える。

3　長ナスは180℃の揚げ油で揚げて皮をむいて一口大に切る。

4　2のだしを小鍋に取り分け、スッポンの肉、エンペラなどを入れて火にかける。

5　4の小鍋が一煮立ちしたら3のナスを入れ、溶き卵を回し入れ、粉山椒をふる。

▼提供時、食べやすいようにレンゲを添える。

牛肉キャベツ仕立て

1　牛肉は70℃の湯にくぐらせて霜降りしておく。
2　すり流しをつくる。小鍋に昆布だしとキャベツペーストを入れて塩で味をつけ、火にかける。
3　2が80℃程度になったら1の牛肉を入れて針ショウガを添える。火を止めてコショウをふる。

▼キャベツは外側の緑の濃い部分を利用すると色よく仕上がる。

牛薄切り肉
すり流し（昆布だし200cc、キャベツペースト*100g、塩2.5g）
針ショウガ、コショウ
*柔らかくゆでたキャベツの葉をフードプロセッサーにかける。

鶏玉葱みぞれ

1　玉ネギスープをとる。鶏スープに玉ネギのスライスを入れて柔らかく煮る。これをフードプロセッサーにかけ、薄口醤油で味をつけて小鍋に移す。
2　スープをとった鶏もも肉を一口大に切って小鍋に入れ、1を注いで火にかけ、沸いたらブロッコリーと色紙ネギを加えてコショウをふる。

▼玉ネギはじっくりと煮て甘みを出す。ブロッコリーは80℃で下ゆでして辛みと食感を生かす。

玉ネギスープ（鶏スープ*500cc、玉ネギ200g、薄口醤油25cc）
ブロッコリー**、色紙ネギ、コショウ
*鶏もも肉1枚を霜降りして冷水で洗い、昆布を入れた水800ccの中に入れて、80℃で15分間加熱する。もも肉を取り出してスープとする。
**80℃でゆでる。

黒胡麻豆腐（黒練りゴマ100g、豆乳350cc、水150cc、葛粉70g、砂糖10g、塩3g）
青菜汁（ゆでたホウレンソウの葉80g、だし300cc、薄口醤油20cc、味醂10cc）
焼グリ5個、ゆでたギンナン15個

黒胡麻豆腐 若菜鍋

1　黒胡麻豆腐をつくる。すべての材料を合わせて漉し、鍋に移して火にかける。シャモジで練りながら火を入れ、胡麻豆腐のように重たくなってきたら弱火にして5分間練る。

2　15㎝角の流し缶に流して冷やし固める。これを9等分にする（9人分の黒胡麻豆腐）。

3　青菜汁（5人分）をつくる。ホウレンソウの葉を80℃の湯で1分間半ゆでて冷水にとり、水気をしぼって細かく刻み、すり鉢でする。

4　3にだし、薄口醤油、味醂を合わせて小鍋に注ぎ、黒胡麻豆腐、焼グリ、ゆでたギンナンを入れてコンロの火にかけて沸かして提供。

▼ホウレンソウのかわりにコマツナでもよい。シュンギクにするとやや香りがつく。

銀杏餅 大なめこ仕立て

1 ギンナンは殻と薄皮をむく。生のまま裏漉しして鍋に入れ、火にかけてシャモジで練る。粘りが出てきたらラップフィルムで茶巾にしぼり、輪ゴムで留めて冷水に浸けて冷ます。

2 小鍋に霜降りした大ナメコを入れて汁を注いで沸かす。沸いたら1のラップをはずして入れる。

3 熱くなったら、斜めに切ったワケギを入れて七味唐辛子をふる。

▼銀杏餅は揚物などにも利用できる。

ギンナン
大ナメコ
汁（だし20：薄口醤油1：日本酒0.5）
ワケギ、七味唐辛子

蒟蒻素麺仕立て

1　だしAをとる。鍋に干し貝柱、干しエビを入れて分量の水に3時間浸したのち、昆布を入れて加熱する。煮立ったら火を弱めて3分間ほど煮る。

2　だしAと同量のだしを合わせる。合わせただし17に対して薄口醤油1、日本酒0.5の割で加える。

3　小鍋に2を注ぎ、こんにゃく素麺を入れて火にかけ、一煮立ちしたら4㎝長さに切りそろえたニラと長ネギを入れる。

▼味がのりにくいこんにゃく素麺なので、しっかりと濃い旨みを補っただしですすめる。

だしA（干し貝柱30g、干しエビ30g、水600cc、昆布）、だし、薄口醤油、日本酒
こんにゃく素麺*
ニラ、長ネギ

*ゆでてアク抜きをしておく。

ずんだ椎茸

1　シイタケの軸を切り落とし、傘の内側に薄力粉をまぶす。
2　ずんだをつくる。エダマメをすり鉢ですりつぶし、卵白、塩を混ぜる。ずんだを1の内側に詰めて、蒸し器で8分間蒸す。
3　濃いめの吸い地を合わせて2を入れて火にかけ、サッと煮含める。椀に盛り、ショウガをしぼり、ゆがいたツルムラサキの花を飾る。

▼萩に見立てた秋の汁物。エダマメは葉物に比べて退色しにくい。

シイタケ、薄力粉
ずんだ（塩ゆでして薄皮をむいたエダマメ100g、卵白20g、塩2g）
吸い地（だし20：薄口醤油1：味醂0.5）
ショウガ汁、ツルムラサキの花

クルマエビ3本、百合根10g、餅1個、三ッ葉3本
聖護院カブすりおろし80g、卵白1/2個分、塩適量
銀あん（だし400cc、薄口醤油小さじ1/2、塩小さじ1/2、水溶き片栗粉）
針ユズ

海老蕪蒸

1　クルマエビは背ワタを抜いて熱湯にサッとくぐらせて殻をむく。百合根は1枚ずつばらす。餅は小角に切って焼く。三ッ葉はざく切りにする。

2　聖護院カブは皮をむいてすりおろし、卵白を混ぜ、塩で味を調える。1の具材を混ぜて丸め、バットにのせて、中火の蒸し器で7～8分間蒸す。

3　銀あんをつくる。だしに調味料を合わせて火にかけ、一煮立ちしたら水溶き片栗粉を加えてとろみをつける。

4　椀に2を盛り、3の銀あんを流し、天に針ユズを添える。

▼天王寺カブでもよい。しかし小カブでは同じように仕上がらない。

ホタテ貝柱、ギンナン
クリーム地（牛乳50cc、生クリーム10cc、卵1個）
銀あん（だし400cc、薄口醤油小さじ1/2、塩小さじ1/2、水溶き片栗粉）
菜ノ花

帆立クリーム蒸し

1　ホタテ貝柱は手で4つに割って、熱湯をかけて霜降りする。ギンナンは殻と薄皮をむいてゆでておく。
2　クリーム地の材料を合わせて湯煎にかけ、木ベラでとろみがつくまで練る。
3　銀あんを用意する。だしに調味料を加えて沸かし、水溶き片栗粉でとろみをつける。
4　器にホタテ貝柱、ギンナンを盛り、2のクリーム地を掛け、弱火の蒸し器で蒸す。
5　ホタテに火が通ったら取り出して、熱い銀あんを掛ける。70℃で90秒間ゆでた菜ノ花を添える。

▼クリーム地は、スクランブルエッグをつくる要領で。日本酒にもワインにも合うようコクをつけた。

トウガン、塩、重曹
しんじょ地（ホタテ貝柱、片栗粉、玉子の素→236頁赤茄子海老射込）、玉ネギ
銀あん（だし400cc、薄口醤油小さじ1/2、塩小さじ1/2、水溶き片栗粉適量）
よりショウガ

冬瓜饅頭

1　トウガンは3㎝幅のさくに切り、緑の表皮を薄くむく。皮目側に鹿の子の包丁目を入れ、塩と重曹をまぶして10分間ほどおき、小口から2㎜厚さに切ってゆでる。冷水にとって、水気をふく。

2　しんじょ地をつくる。ホタテ貝柱をすり鉢ですり、少量の片栗粉と、ホタテの1／5量の玉子の素をすり混ぜる。玉ネギをみじん切りにし、熱湯で霜降りをし、水気をきる。しんじょ地にしんじょの半量の玉ネギを混ぜる。

3　ラップフィルムの上に薄切りのトウガンを少し重ねながら放射状に並べ、上に刷毛で片栗粉をまぶし、中心に丸めた2を詰めてラップで茶巾にしぼる。輪ゴムで結わいて中火の蒸し器で8〜10分間蒸したのち冷ます。

4　銀あんをつくる。だしと調味料を沸かし、水溶き片栗粉で薄くとろみをつける。3を器に盛り、銀あんを掛け、よりショウガを添える。

▼花のつぼみをイメージして形を整える。

煮る展開

酒肴にはサッと短時間で仕上がるしぐれ煮が便利。注文が入ってからつくり始めても、ちょうどよい火入れのつくり立ての煮物を短時間で提供できます。

メインの食材には味をしみ込ませず、味醂と日本酒と醤油を煮詰めた濃いめの味を、最後にからめて仕上げます。

またイモなどを含め煮にするときは、80℃の温度を保って柔らかく煮含めると、煮汁の蒸発量が少ないので煮詰まることがありません。煮物の味が濃くならないし、かぶる程度の煮汁ですむので経済的でもあります。

5：3：1（しぐれ煮）

5：3：1の煮汁＝味醂5＋日本酒3＋醤油1

短時間で煮上げるしぐれ煮です。5：3：1の割で合わせた煮汁で食材を煮て、ちょうどよい火入れの直前で一旦取り出します。そのあとに地を煮詰め、取り出して予熱で火が入った食材を戻して煮汁をからめて仕上げます。

この煮物は水分が多く柔らかいもの、小さく切ったもの、薄く切ったものなどに向く調理法です。少し大きめの食材は、あらかじめ揚げたり、ゆでたりしておくと、提供直前に仕上げることができ、風合いのよいものがつくれます。

火入れの時間は食材によって調整しますが、イチジクのようにジューシーな果肉らしさを残したい場合、あるいはすぐに火が入るもの、ボイルなど下調理をしたものの場合は、煮汁に入れたらすぐに取り出して、最後に煮詰めた煮汁をからめます。

また、煮汁の量は、食材の重量と同量程度が目安です。

［5：3：1の煮物］

1　鍋に煮汁を入れて火にかける。

2　煮汁が煮詰まって気泡が大きくなってきたらホタルイカ（ボイル）を入れる。すぐに取り出す。

＊メインの食材の火入れに時間がかかるときは早めに入れ、時間がかからないときは煮汁がある程度詰まった段階で入れる。ボイルしたホタルイカはすでに火が入っているので、中まで温まればいいくらいの感覚で。

3　煮汁をさらに煮詰めてつやが出てきたらホタルイカを戻してからめる。

アイナメ、薄力粉、揚げ油
煮汁（味醂5：日本酒3：醤油1）
実山椒醤油煮（アク抜きした青い実サンショウ*1kg、水200cc、日本酒1リットル、醤油150cc、味醂75cc、たまり醤油150cc、水飴100cc）
かもじネギ、木ノ芽

*青い実サンショウは、ダイコンおろし汁に1%の塩を加えた中に1日浸ける。これを水にさらしたのち2回ほどゆでこぼしてアクを抜く。

鮎並山椒煮

1　アイナメは骨切りし、刷毛で薄力粉をまぶし、180℃の揚げ油で揚げて完全に火を通す。
2　煮汁（アイナメと同量程度）と1を入れて火にかけ、煮立ったら裏返してすぐに取り出す。
3　煮汁を煮詰め、泡が大きくなったら、アイナメを戻し、実山椒醤油煮を加えて仕上げる。
4　盛りつけて天に木ノ芽を混ぜたかもじネギを添える。

▼揚げたアイナメは余熱で中まで温まるので、煮汁が沸いたら途中で取り出すこと。実山椒醤油煮は苦みが出るので最後に入れる。

●実山椒醤油煮
鍋にアク抜きした青い実サンショウ、水、日本酒を入れて火にかける。一煮立ちしたらアクを取り除き、中火で皮が柔らかくなるまで煮戻す。この分量ならば30分間が目安。

ここに醤油と味醂を少しずつ加えて煮る。味がしみてきたら実サンショウを一旦取り出し、煮汁を煮詰める。煮詰まったら実サンショウを戻し、たまり醤油を加えてさらに煮詰める。泡が大きくなったら水飴を加え、味をからめて仕上げる。

穴子山椒煮

1　アナゴは背開きにし、2㎝幅、4㎝長さに切りそろえる。薄力粉をまぶし、170℃の揚げ油でカリッと揚げる。
2　鍋に1のアナゴを並べ、合わせた煮汁をアナゴの重量の同量くらい注いで火にかける。沸騰したらアナゴを取り出し、煮汁を煮詰める。
3　煮汁に濃度がついて気泡が大きくなったらアナゴを戻し、実山椒を入れて煮からめる。

▼アナゴは強めに揚げて水分を抜くことがコツ。

アナゴ、薄力粉、揚げ油
煮汁（日本酒5：味醂3：醤油1）
実山椒

稚鮎新芽煮

1　稚アユは水気をふいて薄力粉をまぶし、170℃に熱した油で唐揚にする。この段階で骨まで食べられるように完全に火を入れておく。
2　煮汁を沸かし、1の稚アユを入れて強火でからめる。
3　汁気がなくなったら盛りつけ、たたき木ノ芽、アーモンドフラワーをふる。

▼アーモンドは煎りたてを使うこと。

稚アユ10尾、薄力粉、揚げ油
煮汁（味醂50cc、日本酒30cc、醤油15cc）
木ノ芽、アーモンドフラワー*
*極薄スライスのアーモンドを煎っておく。

ウナギ
ゴボウ、煮汁Ａ（だし８：薄口醤油１：味醂１）
煮汁Ｂ（味醂５：日本酒３：醤油１）
実山椒醤油煮（→195頁鮎並山椒煮）

鰻山椒煮

1　ゴボウは４㎝に切り、柔らかくゆでて縦４つに割り、煮汁Ａで軽く煮る。
2　ウナギは５㎝の筒切りにし、味をからみやすくするために全面に焼き目をつけたのち骨抜きで骨を抜く。
3　ゴボウをウナギの骨の跡に射込んでおく。
4　鍋に煮汁Ｂ（ウナギの重量の同量くらい）とウナギを入れて強火にかけ、沸騰したら火を弱めて軽く煮て取り出す。さらに煮汁のみを煮詰め、泡が大きくなったらウナギを戻す。
5　仕上りに実山椒醤油煮を入れて照り煮にする。

▼長時間かけて煮詰める方法もあるが、ウナギの持ち味を生かすために短時間で煮たあと、煮詰めた煮汁で表面に味をからめる手法をとった。

牡蠣しぐれ

1　カキむき身は熱湯に10秒間ほど浸したのち、冷水にとってアクや汚れを洗う。
2　鍋に煮汁50ccと1のカキを入れて火にかける。沸騰したらカキを裏返して8割ほど火を入れたのち、カキを取り出して煮汁を煮詰める。
3　泡が大きくなってきたら、カキを戻し、生海苔とショウガを入れて煮汁をからめる。

▼カキは余熱で火が通るうえ、最後に煮からめるので、加熱しすぎないよう注意する。

カキむき身50g、生海苔15g、ショウガ細切り5g
煮汁（味醂5：日本酒3：醤油1）

蛤しぐれ煮

1　鍋に煮汁50ccとハマグリを入れて火にかける。沸騰したらハマグリを裏返して火を入れて取り出す。
2　煮汁を煮詰め、泡が大きくなったらハマグリを戻して、ショウガを加えて煮汁をからめる。
3　最後に叩き木ノ芽を加える。

▼ハマグリには火を通しすぎないよう注意。提供直前に煮始めるのがポイント。

ハマグリむき身50g、ショウガ粗みじん切り5g、叩き木ノ芽適量
煮汁（味醂5：日本酒3：醤油1）

ほたる烏賊しぐれ

1 ホタルイカの目とクチバシを取り除く。鍋に煮汁50ccとホタルイカを入れて火にかける。
2 煮汁が沸騰したらホタルイカを取り出す。煮汁はそのまま煮詰め、泡が大きくなってきたらホタルイカを戻し、ショウガを入れてからめる。最後に刻んだ青菜を加えて仕上げる。
3 盛りつけて浜防風を添える。

▼青菜は緑色を残して仕上げる。

ホタルイカボイル50g、ショウガ粗みじん切り5g、青菜適量
煮汁（味醂5：日本酒3：醤油1）
浜防風

牛肉のしぐれ煮

1 牛肉は熱湯にサッとくぐらせて（霜降り）水にとって洗い、水気をきる。
2 鍋に煮汁150ccと牛肉を入れて火にかける。一煮立ちして肉に火が入ったら肉を引き上げて煮汁を煮詰める。
3 泡が大きくなってきたら牛肉を戻し、ショウガを加えて煮からめて仕上げる。

▼牛肉は途中で取り出すのが柔らかく仕上げるコツ。

牛薄切り肉150g、ショウガ細切り15g
煮汁（味醂5：日本酒3：醤油1）

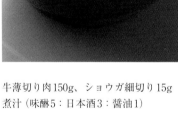

牛薄切り肉、薄力粉
サヤインゲン
サラダ油
煮汁（味醂5：日本酒3：醤油1）
粉山椒

牛肉印元巻

1　サヤインゲンは熱湯でサッとゆでて水気をきる。
2　牛薄切り肉を広げ、刷毛で薄力粉を薄くまぶし、サヤインゲンを5本まとめて手前から巻く。
3　フライパンにサラダ油をひき、2の表面を焼き固めたら、ペーパータオルで脂などをふき取る。
4　鍋に3を並べ、煮汁の材料を合わせて印元巻の同量くらいを注いで火にかけて牛肉にサッと火を入れる。肉巻を取り出して煮汁を煮詰め、肉巻を戻してからめる。仕上げに粉山椒をふる。
5　食べやすく一口大に切って盛りつける。

▼粉山椒のかわりに刻んだフキノトウを散らしてもよい。

無花果山椒煮

1　イチジクを4等分のくし形に切る。
2　イチジクの重量の同量くらいの煮汁を鍋で煮詰める。泡が大きくなって煮詰まってきたら、イチジクを入れて煮からめる。
3　火が通る直前に実山椒醤油煮を入れてサッと混ぜる。
▼イチジクは熟れる手前のものを使うとよい。冷たくても熱くても美味。

イチジク
実山椒醤油煮（→195頁鮎並山椒煮）
煮汁（味醂5：日本酒3：醤油1）

薇牛蒡旨煮

1　戻したゼンマイを4cmに切りそろえ、合わせた煮汁Aで煮含めて汁気をきる。
2　1のゼンマイとゴボウを煮汁B（ゼンマイとゴボウの重量の同量くらい）に入れて火にかける。煮汁の泡が大きくなってきたら、仕上りにゆでたキヌサヤエンドウを入れて器に盛り、七味唐辛子をふる。
▼ゴボウは香りを生かしたいので、アク抜きはせずに煮る。

戻した干しゼンマイ（→209頁薇信太煮）100g、笹切りのゴボウ60g
煮汁A（だし13：味醂1：醤油0.6）
煮汁B（味醂5：日本酒3：醤油1）
キヌサヤエンドウ、七味唐辛子

アワビ、塩、葛粉
小イモ、米糠、煮汁（だし20：薄口醤油1：味醂0.5）
大葉
サヤインゲン

鮑小芋葛煮

1　アワビは塩みがきして水洗いし、殻と肝をはずして薄くそぎ切りにする。
2　小イモは強火の蒸し器で5〜6分間蒸したのち、乾いた布巾でこすって皮をむき、米糠を加えた湯でゆがく。柔らかくなったら取り出して湯洗いをして水気をきる。
3　小イモをかぶるくらいの煮汁に入れて80℃を保って15分間煮る。
4　アワビに葛粉をまぶして蒸し器で蒸し、葛粉が溶けたら3に入れる。大葉の繊切りをからませて火を止める。ゆがいたサヤインゲンを添える。

▼アワビは葛打ちすると口当たりがよくなる。

海老黄味煮

1　才巻エビの頭と殻をむき、腹に包丁を入れて開き、片栗粉をまぶす。

2　卵黄を溶きほぐし、少量の片栗粉を混ぜた黄味衣に1をくぐらせて、140〜150℃の揚げ油で揚げる。

3　煮汁を合わせて沸かし、2をサッと煮る。仕上りぎわにタデの葉を入れて盛りつけ、よりショウガを添える。

▼揚げ色がつかないよう、低温で揚げるのがコツ。

才巻エビ、片栗粉
黄味衣（卵黄3個分、片栗粉30g）、揚げ油
煮汁（だし8：味醂1：薄口醤油0.5）
タデの葉、よりショウガ

タコ、昆布、ほうじ茶茶葉
煮汁（タコのゆで汁7：日本酒1：醤油1：砂糖1、カツオ節適量）
芋あん（ヤマイモ、昆布だし、塩）
蛇の目キュウリ

蛸の柔らか煮 芋掛

1　タコはダイコンでたたき、掃除して霜降りする。大鍋に昆布を敷いてタコをのせ、たっぷりの水を注ぐ。ガーゼでくるんだほうじ茶茶葉を入れて強火で沸かす。90℃になったら弱火で1時間ほど煮る。柔らかくなったらタコを引き上げてバットに移す。

2　1のゆで汁に日本酒、醤油、砂糖を入れて火にかけ、沸いたらカツオ節を加えて漉す。

3　1のバットに2の煮汁をたっぷり注ぎ、アルミホイルをかぶせ、中火の蒸し器で20分間蒸す。スチームコンベクションオーブンならば90℃のスチームモードで20分間蒸す。

4　芋あんをつくる。ヤマイモは皮をむき、厚さ1cmに切って蒸す。柔らかくなったら裏漉し、昆布だしでのばして塩で味を調える。

5　タコを一口大に切って蒸し器で温めて盛り、芋あんを掛ける。蛇の目キュウリをあしらう。

▼タコの煮くずれた部分や頭などは刻んでゼリー寄せに。

ミズダコの脚120g、塩水（塩分濃度0.8％）
米2合
炊き地（水300cc、薄口醬油30cc、日本酒30cc）
ショウガ30g、ワケギ1本

蛸飯

1　ミズダコの脚は吸盤と皮をむく。圧力鍋にタコ、吸盤、皮、浸るくらいの塩水を入れて柔らかく煮戻し、小角に切って汁気をきる。
2　みじん切りのショウガと小口切りのワケギを水洗いして水気をきる。
3　米を洗い、水に15分間浸したのち、ザルに広げて15分間おく。
4　土鍋に米を移して炊き地を注ぎ、強火で7分間炊いたのち、中火で7分間、次に弱火で7分間、最後に極弱火で5分間炊く。炊き上がる前に1のミズダコを入れる。
5　火を止めてショウガとワケギを入れて蒸らす。

▼少量をしのぎがわりに。万願寺唐辛子に詰めて焼いてもいいし、小さくにぎって天ぷらにしても美味。

合鴨むね肉1枚、煮汁A（水150cc、日本酒150cc、砂糖30g、醤油20cc）
煮汁B（トマトケチャップ20g、たまり醤油5cc）
百合根あん（百合根、塩）
溶き辛子

鴨ロース煮百合根あん掛

1　フライパンを熱し、合鴨の皮目を強火で焼いて焼き目をつける。裏返してサッと焼いて、熱湯の中で脂と汚れなどを流して取り出す。
2　鍋に煮汁Aと1の合鴨を入れて火にかける。沸騰したら火を弱めて3分間ほど煮る。鴨を取り出して1分間ほどおいて粗熱をとる。同じことを6～8回ほどくり返して余熱を利用して、ゆっくり火を通す。
3　煮汁Aが煮詰まって濃度がついてきたら、煮汁Bを入れて鴨にからめて仕上げる。鴨は食べやすくそぎ切りにしておく。
4　百合根あんをつくる。百合根はゆでて裏漉しし、少量の水と塩で味をつける。
5　3の鴨に煮汁をからませて盛りつけ、4の百合根あんを掛けて溶き辛子を添える。

▼だしのかわりにトマトから旨みをとった。合鴨は余熱を利用してゆっくり煮ると均等に火が入る。

牛タン（ブロック）300g
ジャガイモ、ペコロス
煮汁（無塩トマトジュース10：水10：醤油1：酢1、昆布適量）
ワケギ、コショウ

牛タン暁煮

1　牛タンは300g程度のブロックに切り分け、熱湯にくぐらせて氷水にとって汚れを落とす。圧力鍋に移して浸るくらいの水を注ぎ、蓋をして火にかける。圧力が2目盛りまでかかったら弱火にし、15分間加熱して火を止め、そのまま自然放置する。

2　ジャガイモは円柱形にむいて、1㎝厚さに切って蒸す。ペコロスは薄皮をむいて熱湯にくぐらせて水にとる。

3　小鍋に煮汁を合わせ、食べやすく切った1の牛タン、ジャガイモ、ペコロスを入れて15分間ほどゆっくりと煮込む。最後に切りそろえたワケギを入れてサッと煮て、コショウをふる。

▼肉にはカツオだしではなく、植物性の旨みが合う。ここではトマトジュースで旨みをとった。

里芋唐墨まぶし 揚銀杏

1　小イモの皮をむき、米糠を一つかみ入れた湯で柔らかくゆで、きれいな湯で米糠を洗う。煮汁を合わせて火にかけ、80℃を保って小イモをゆっくり煮含める。鍋の中で冷ます。
2　1の小イモは水分をふいて片栗粉をまぶし、170℃の揚げ油で揚げる。油をきってカラスミをまぶす。
3　新ギンナンは殻と薄皮をむいて150℃の揚げ油で翡翠色に揚げる。松葉串を刺し、小イモに添えて盛りつける。

▼小イモを米糠で下ゆでするると、米のとぎ汁よりもホクホク煮上がる。クリやタケノコも同様。

小イモ、米糠
煮汁（だし8：味醂1：薄口醤油0.2、塩適量）
片栗粉
すりおろしたカラスミ
新ギンナン
揚げ油

干しゼンマイ、煮汁A（だし20：薄口醤油1：味醂0.5）
薄力粉、黄味衣（薄力粉50g、水100cc、卵黄1個分）、揚げ油
油揚げ、煮汁B（だし20：薄口醤油1：味醂1）
キヌサヤエンドウ

薇信太煮

1　干しゼンマイはたっぷりの水に浸けて3日間おく（毎日水をとりかえる）。戻ったゼンマイを洗い、たっぷりの水で30分間ゆでる。このまま自然放置し、水気をきる。

2　戻したゼンマイは煮汁Aで煮含め、油揚げの長さに合わせて切りそろえる。1本ずつ薄力粉をまぶし、黄味衣をつけて170℃の揚げ油で1分間ほど揚げて取り出して油をきる。

3　油揚げは1枚に開き、内側を外に向けて、2の揚げたゼンマイを10本ほど束ねて巻く。タコ糸で結わき、合わせた煮汁Bで10分間ほど煮含める。

4　切り出して盛りつけ、ゆでたキヌサヤエンドウを添える。

▼昔から伝わる仕事の一つ。黄味衣が生麩のような食感となる。

揚げる展開

和食店でもシャンパンやワインがポピュラーになってきました。それにともなって、ボリューム重視の揚物とは一味違う、フレッシュな素材に、薄く油をまとわせたくらいの軽い揚物が求められるようなってきました。

したがって、濃いめの天ぷら衣よりも、薄めに溶いた薄衣や素揚のほうが主流になっています。衣が薄い分、種から水分が抜けやすいので、味が凝縮されて香りも立ちやすくなります。また素材の色や肌合いも薄衣を通して見えます。

一方濃いめの天ぷら衣にもよさはあります。衣でコーティングするので種自身が持つ水分で種を蒸すことができること、形がくずれにくいこと、種を大きく見せることができます。

ここでは天ぷら衣と薄衣の衣の違いを確認しておきましょう。

天ぷら衣

天ぷら衣＝

水200cc＋薄力粉100g

とろりと濃いめ。薄力粉を打って衣をつけると種の表面は見えない。

薄衣

薄衣＝

水200cc＋薄力粉80g

さらりと薄め。薄力粉を打って衣をつけると種の色や質感がわかるほど。種からサーッと流れ落ちる。

浅蜊かき揚

1 アサリは少量の水を注いで火にかけ、殻が開いたら身を取り出して水気をふく。
2 ワケギの青い部分を薄い笹切りにして水に放ち、水気をきっておく。
3 ボウルにアサリとワケギを入れて薄力粉をまぶし、天ぷら衣を加えてさっくりと混ぜ、170℃の揚げ油で揚げる。
4 油をきって、塩と黒コショウをふる。

▼貝にはコショウがよく合う。

アサリ、ワケギ、薄力粉
天ぷら衣（薄力粉100g、水200cc）、揚げ油
塩、黒コショウ

アナゴ、煮汁（だし4：水2：日本酒2：醤油1：味醂1：砂糖0.3）、ショウガの皮
モッツァレッラチーズ
昆布シート
片栗粉、卵白、黒ゴマ、揚げ油

穴子南部揚

1　アナゴは背開きして霜降りをし、冷水にとって皮目のヌメリをこすり取る。
2　鍋に煮汁を合わせて1のアナゴを入れて15～20分間煮る。仕上げにショウガの皮を入れて火を止める。このまま冷まし、ザルに上げて汁気をきる。
3　アナゴを長さ5㎝に切り、形を整える。モッツァレッラチーズも同じ長さに切りそろえる。
4　昆布シートを広げ、アナゴとチーズをのせて巻く。周りに刷毛で片栗粉をまぶして、布漉しした卵白にくぐらせて黒ゴマをまぶす。
5　170℃の揚げ油で揚げて油をきる。両端を切り整え、食べやすく半分に切って盛りつける。

▼煮アナゴには、クセの少ないモッツァレッラチーズが合う。シャンパンに向く酒肴。

アナゴ
煮汁（だし4：水4：日本酒2：醤油1：味醂1：砂糖0.5）、ショウガの皮
アボカド、レモン汁
生平湯葉、薄力粉、卵白、新挽粉、揚げ油

穴子アボカド新挽揚

1　アナゴは背開きにして皮目に熱湯をかけ、冷水の中でこすってヌメリを落とす。煮汁を合わせてアナゴを入れ、中火で15分間ほど煮る。仕上げにショウガの皮を入れて火を止める。

2　アボカドはくし形に切ってレモン汁をまぶし、色止めをする。

3　生平湯葉を広げ、包丁の切っ先を差して全体に穴を開けて、刷毛で薄力粉を全体にふる。1のアナゴ、2のアボカドをのせて手前から巻く。

4　巻いた3の表面に薄力粉をまぶして布漉しした卵白にくぐらせ、新挽粉をまぶす。160℃の揚げ油で揚げて、一口大に切り分けて盛る。

▼アボカドとアナゴは食感が同じ。一緒に揚げるととろりと口溶けがよくなる。

稚鮎新茶揚

1　新茶衣を用意する。茶葉をすり鉢で粉末状にすり、薄力粉に混ぜる。八分立てに泡立てた卵白を加えて衣をつくる。

2　稚アユはサッと洗って水気をふく。薄力粉をまぶし、1の衣をつけて、140℃の揚げ油で2分間ほど揚げる。最後は180℃まで温度を上げて油ぎれよく。

3　稚アユを練り塩（分量外）を敷いたタケノコの皮に盛りつける。笹葉をあしらう。塩か天つゆを添える。

▼こげないよう低めの油温で、ふんわりと揚げる。

稚アユ、薄力粉
新茶衣（新茶茶葉少量、薄力粉大さじ1、卵白1個分）
揚げ油、塩（または天つゆ→227頁鱧月冠揚）

鮎蓼巻繊揚

1　玉子巻繊を用意する。卵をボウルに割りほぐし、調味料を加える。湯煎にかけてよく混ぜ、半熟にする。
2　アユを背開きにする。内臓は残して背骨と腹骨を取り除く。内側に薄力粉をまぶし、1の玉子巻繊を詰めてアユの形に戻す。
3　おぼろ昆布で2のアユを巻き、薄衣にくぐらせて、170℃の揚げ油で揚げる。食べやすく切り分けて盛りつけ、タデの葉を添える。

▼アユの内臓のほろ苦さに昆布の旨みが合う。

アユ、薄力粉
玉子巻繊（卵1個、砂糖小さじ2、薄口醤油5cc）
おぼろ昆布
薄衣（水200cc、薄力粉80g）
揚げ油
タデの葉

アユの中骨、塩水（塩分濃度1％）
薄力粉、揚げ油、塩
タデの葉

鮎骨煎餅

1　アユの中骨を塩水で洗って、3時間ほど風干しする。
2　中骨に薄力粉をまぶし、160℃の油でカリカリに揚げて塩をふる。
3　盛りつけて、タデの葉をあしらう。

▼アユの中骨は水分をしっかり乾かすこと。

スルメイカ、薄力粉
墨衣（薄力粉50g、水70cc、炭昆布5g、イカスミ1杯分）
銀杏煎餅生地（新ギンナン、片栗粉）
揚げ油

烏賊炭揚 銀杏煎餅

1 スルメイカは脚と内臓を抜いて皮をむく。水洗いしてさく取りし、表面に細かく鹿の子の包丁目を入れる。
2 墨衣を用意する。昆布を網の上で焼いて炭にして、すり鉢ですっておく。薄力粉、水、炭昆布、イカスミを混ぜて衣をつくる。
3 スルメイカに薄力粉をまぶし、2の衣にくぐらせて170℃の揚げ油で揚げる。
4 銀杏煎餅をつくる。新ギンナンの殻と薄皮をむき、片栗粉をまぶす。クッキングシートに4個ほど挟み、麺棒でたたいて薄い煎餅状態にし、シートに挟んだまま600Wの電子レンジに1分半かける。
5 160℃の揚げ油で4の煎餅生地をサッと揚げる。色づけないように注意。
6 銀杏煎餅の油をきって、切り分けた3のスルメイカと盛り合わせる。

▼緑色の鮮やかな新ギンナンを使うと、衣の黒がより映える。

海老春香揚

1　クルマエビは尾を残して殻をむき、背から開いて背ワタを抜く。包丁の刃元で腹側を軽くたたき、切り目を入れて片栗粉をまぶす。

2　衣をつくる。卵白をかたく泡立て、片栗粉少量を混ぜる。フキノトウのガクをむしって混ぜ、1のクルマエビにつけて160℃の揚げ油で衣が色づかないように揚げて塩をふる。

3　食べやすく切って盛りつける。

▼薄いガクの淡い色がきれいに残るよう、白扇揚の要領で色づけないように揚げる。

クルマエビ、片栗粉
衣（卵白、片栗粉少量、フキノトウのガク）、揚げ油、塩

海老蓮根揚

1　レンコンは6cm長さに切って蛇籠にむく。塩水に酢を加えてレンコンを浸け、しばらくおいて水気をきる。
2　エビは頭と背ワタを抜いて殻をむく。のし串を打って刷毛で薄力粉をまぶし、大葉ととろろ昆布を巻いて、もう一度薄力粉をまぶす。さらに1のレンコンで巻き、端を楊枝で留める。
3　天ぷら衣をつけて170℃の揚げ油で揚げる。油をきって串と楊枝を抜き、塩をふる。

▼レンコンでエビを巻いて柔らかく火を入れる。

エビ、薄力粉
レンコン、塩水（塩分濃度1.5%）、酢
大葉、とろろ昆布
薄力粉、天ぷら衣（水200cc、薄力粉100g）、揚げ油、塩

生サクラエビ、片栗粉、大葉
揚げ油、塩

桜海老煎餅

1　生サクラエビに片栗粉をまんべんなくまぶし、約8gずつ等間隔にクッキングシートに広げ、繊切りの大葉を散らす。

2　クッキングシートを上にかぶせて挟み、すりこぎでたたいて薄くのばす。

3　そのまま600wの電子レンジに2分間かけて乾かし、シートをはがす。あるいはスチームコンベクションオーブンのコンビモード（湿度0％）の140℃で40〜60分間加熱してもよい。

4　160℃の揚げ油で揚げる。こがさぬよう注意し、充分水分を抜く。最後は170℃まで上げて油ぎれよく。塩をふって供する。

▼高温短時間で揚げる。水分が抜けて浮いてきたらOK。

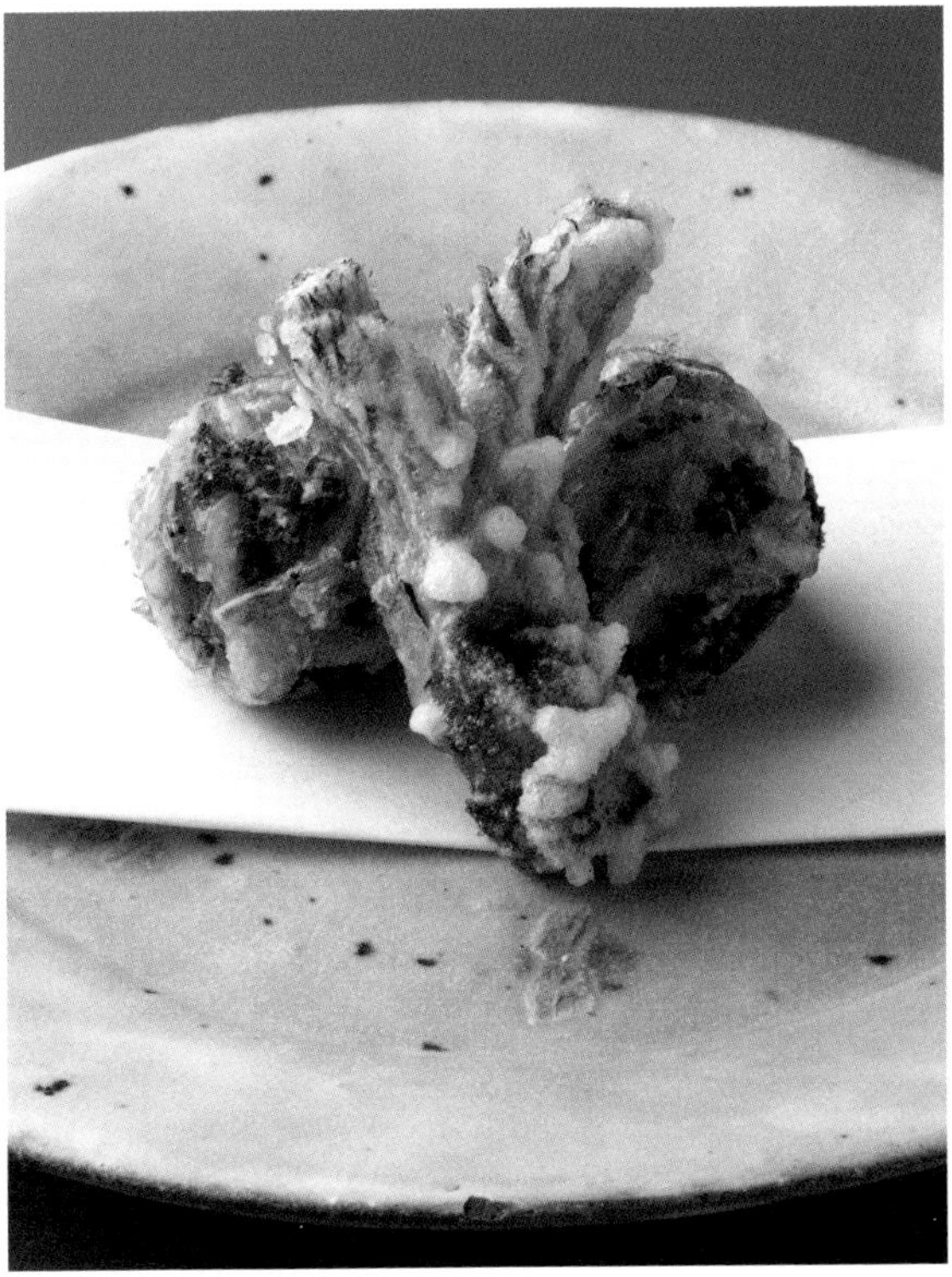

桜海老山椒揚

1　種をつくる。サクラエビと花山椒に片栗粉をまぶし、かたく泡立てた卵白を混ぜ合わせる。
2　1の種をスプーンで丸くとって、160℃の揚げ油でころがしながらじっくりと揚げる。油をきって塩をふる。
3　タラノメは薄力粉をまぶして天ぷら衣にくぐらせ、170℃の揚げ油で揚げる。油をきって塩をふる。

▼ころがしながら揚げて、均等に揚げ色をつける。

種（生サクラエビ100g、花山椒30g、片栗粉10g、卵白1個分）
タラノメ、薄力粉、天ぷら衣（薄力粉50g、水100cc）
揚げ油、塩

栄螺香味揚

1　サザエは殻から身を取り出し、58℃のスチームコンベクションオーブンのスチームモードで30分間加熱する。

2　香味衣をつくる。すべての材料をフードプロセッサーにかけてペースト状にする。

3　サザエを半分に切り、刷毛で薄力粉をまぶして香味衣をつけて160℃の揚げ油で揚げる。塩を添えてすすめる。

▼サザエは蒸す段階で完全に火を入れておかないと、揚げたのちに水が出てしまう。

サザエ
薄力粉、香味衣（ワケギ100g、薄力粉60g、片栗粉30g、白煎りゴマ50g、卵1個、冷水45cc）、揚げ油
塩

白魚新挽揚

1　シラウオは塩水に15分間浸して水気をふき、片栗粉をまぶす。
2　布漉しした卵白の中に1のシラウオを入れて、1尾ずつ新挽粉をまぶして160℃の揚げ油で揚げる。浮いてきたら取り出して油をきって塩をふる。
3　180℃で素揚げした葛切を盛り、上にシラウオを盛る。木ノ芽を散らす。

▼新挽粉はデンプンがα化しておらず、水分が少ないので、カラリと揚がる。

シラウオ、塩水（塩分濃度1.5%）
片栗粉、卵白、新挽粉
揚げ油、塩
葛切（五色葛）、木ノ芽

蛸白扇揚

1　ミズダコの脚は吸盤と皮をむいて、薄くそぎ切りにして片栗粉をまぶす。

2　卵白を八分立てに泡立てて、1のタコをくぐらせ、160℃の油で色づかないように揚げる。油をきって塩をふる。スダチを添える。

▼卵白を色づけないよう低温で真っ白に揚げること。

ミズダコの脚、片栗粉
卵白、揚げ油、塩
スダチ

蛤蓬揚

1　ハマグリを殻から取り出す。

2　摘みたてのヨモギの葉を刻み、天ぷら衣に混ぜる。

3　ハマグリに薄力粉をまぶし、2の衣をつけて170℃の揚げ油で1分間ほど揚げて油をきって塩をふり、盛りつける。

▼ハマグリは生のまま揚げて、ジューシーに仕上げる。

ハマグリ、薄力粉
天ぷら衣（薄力粉100g、水200cc）、ヨモギ
揚げ油、塩

ハモ
ゴボウ、米糠、煮汁（だし20：薄口醤油1：味醂0.5）
薄力粉
薄衣（水200cc、薄力粉80g）、揚げ油
ヤングコーン、シシトウガラシ
天つゆ*

*だし240cc、薄口醤油30cc、味醂30cc、カツオ節3gを合わせて火にかける。沸いたらザル漉しする。

鱧月冠揚

1　ゴボウは直径2㎝くらいの太さのものを用意し、ハモの身幅に合わせて切りそろえる。米糠を入れた水にゴボウを入れて火にかけ、柔らかくゆでる。

2　細い串を使ってゴボウの芯を抜く。煮くずれないように抜いた芯を再び戻して、合わせた煮汁で煮て、そのまま冷まして味を含める。

3　ハモは腹開きにして骨切りをし、長さ10㎝に切り落とす。刷毛で皮目に薄力粉をまぶし、2のゴボウに巻いて楊枝で留める。

4　3に薄力粉をまぶして薄衣にくぐらせ、170℃の揚げ油で揚げる。火が通ったら取り出し、半分に切ってゴボウの芯を抜いて月冠とする。

5　4を食べやすく切り分けて盛り、素揚げのヤングコーンとシシトウをあしらう。天つゆを添えて。

▼ゴボウは柔らかく煮ておくこと。

鱧の難波揚

1　ハモは腹開きにして骨切りし、長さ10cmに切り落とす。
2　ワケギをハモの身幅に合わせて切りそろえる。刷毛でハモの皮目に薄力粉をまぶし、上にワケギをのせて巻き、楊枝で留める。
3　薄力粉をまぶして薄衣にくぐらせ、170℃の揚げ油で揚げる。火が通ったら取り出し、塩、コショウをふり、食べやすく切って盛りつける。

▼塩、コショウのかわりに天つゆ（↓227頁鱧月冠揚）も合う。

ハモ、ワケギ
薄力粉、薄衣（水200cc、薄力粉80g）
揚げ油、塩、コショウ

鱧子獅子唐射込

1　ハモの真子はほぐして塩水で洗い、水気をふいておく。
2　シシトウの側面に包丁で切り目を入れて中の種を取り除く。内側に刷毛で片栗粉をまぶし、1のハモの真子を詰める。
3　2に薄力粉をまぶし、薄衣にくぐらせて、170℃の揚げ油で揚げる。油をきって盛りつける。塩を別に添える。

▼塩のかわりに天つゆ（↓227頁鱧月冠揚）でもよい。

ハモの真子、塩水（塩分濃度1%）
シシトウガラシ、片栗粉
薄力粉、薄衣（水200cc、薄力粉80g）
揚げ油、塩

白子一口カツ

1 白子は一口大に切る。薄力粉をまぶし、布漉しした卵白にくぐらせてパン粉をしっかりつける。160℃の揚げ油でカラリと揚げる。
2 シシトウは同じ油でサッと素揚げする。
3 白子の油がきれたら盛りつけ、シシトウをあしらう。別にライトケチャップを添える。

▼パン粉でガードして、中の白子がとろけるように揚げる。高温で揚げると破裂するおそれがあるので注意。

フグ白子、薄力粉、卵白、パン粉、揚げ油
シシトウガラシ、揚げ油
ライトケチャップ*（トマト450g、パイナップル250g、リンゴ50g、干しアンズ50g、玉ネギ50g、ニンニク1片、水100cc、酢50cc、ハチミツ20g、薄口醤油30cc、醤油45cc、レモン汁30cc）

*フルーツと野菜を刻んで、その他の材料と合わせて火にかけ、1割程度煮詰めたのち、ミキサーでペーストにする。

ほたる烏賊網揚

1　ホタルイカはクチバシと目を取り除く。フキノトウはガクをむしっておく。
2　ホタルイカとフキノトウのガクをボウルに入れて薄力粉をまぶし、春巻皮で茶巾に包む。
3　170℃の揚げ油の中にセルクルを沈め、この中に2を入れて揚げる。取り出して油をきり、塩をふる。

▼網状春巻皮は、油の中で形を整えることができる。写真は春巻を割った状態。

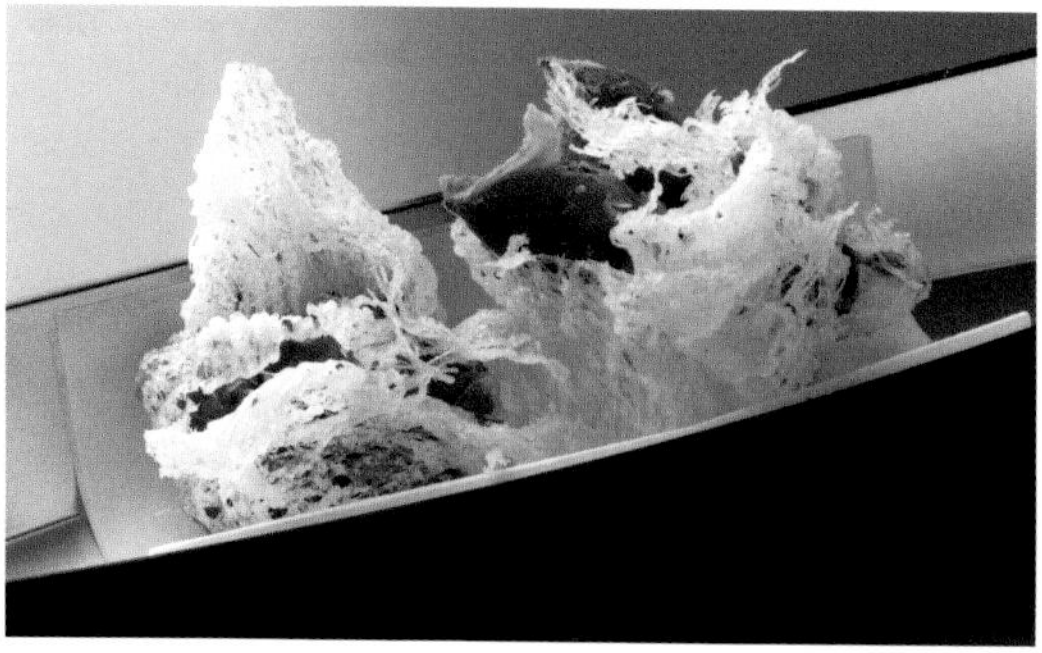

ホタルイカ、フキノトウのガク
薄力粉、網状春巻皮、揚げ油
塩

北寄貝奉書揚

1　ホッキ貝は殻をはずして身を掃除し、サッと霜降りをして冷水にとる。水洗いして水気をふき取る。ホッキ貝は2cm幅に、三ッ葉は10cm長さに切りそろえる。
2　春巻の皮の上に溶き辛子をぬり、ホッキ貝と三ツ葉を包み、端を卵白で留める。170℃の揚げ油でカラリと揚げる。
3　別にレモンと塩を添える。

▼定番サイズの春巻ならば140℃の低温で揚げるが、細巻きは温度を上げて短時間で。

ホッキ貝、三ッ葉
春巻皮、溶き辛子、卵白、揚げ油
レモン、塩

牛肉蕗巻 木の芽揚

1 フキは板ずりして熱湯で色よくゆで、冷水にとって皮をむく。
2 フキを10㎝に切りそろえ、3本ほどまとめて薄力粉をまぶし、牛肉で巻く。
3 天ぷら衣に叩き木ノ芽を混ぜる。2の周りに薄力粉をまぶし、天ぷら衣にくぐらせて170℃の揚げ油で1分間半ほど揚げる。
4 浜防風も同じ衣をつけて揚げる。蕗巻を切り分け、塩を添えて供する。

▼牛肉がミディアムレアになるくらいに火を入れる。

牛薄切り肉、フキ、塩、薄力粉
浜防風
天ぷら衣（薄力粉80g、水200cc）、叩き木ノ芽、揚げ油
塩

無花果黄味揚 煎りだし

1　イチジクは4等分のくし形に切り、刷毛で薄力粉をまぶして黄味衣にくぐらせ、170℃の揚げ油で揚げる。油をきって器に盛る。
2　煎りだし地を合わせて沸かし、1のイチジクに掛ける。
3　ダイコンおろし、おろしショウガ、素揚げのシシトウを添え、天にかもじネギを盛る。

▼薬味を効かせると、酒に合う一品に。

イチジク、薄力粉、黄味衣（卵黄2個分、水100cc、薄力粉70g）、揚げ油
煎りだし地（だし15：薄口醤油1：味醂0.5）
シシトウガラシ
ダイコンおろし、おろしショウガ、かもじネギ

枝豆と新生姜かき揚

1　ボウルにエダマメと新ショウガを入れて、薄力粉をまぶす。天ぷら衣を加えてさっくりと合わせる。
2　170℃に熱した揚げ油にセルクルを沈め、その中に1を流す。
3　セルクルから浮いてきたら、裏返して温度を上げる。塩をふり、食べやすく切って盛りつける。

▼セルクルを使うとかき揚げの形が整う。

むいたエダマメ60g、新ショウガ細切り20g
薄力粉、天ぷら衣（薄力粉20g、水50cc、卵黄1/2個分）、揚げ油、塩

叩きアスパラ二色揚

グリーンアスパラガス
片栗粉、卵白、ぶぶあられ、黒ゴマ、揚げ油
塩、スダチ

1　グリーンアスパラガスは7㎝に切りそろえ、熱湯で30秒間ゆでて取り出す。布巾をかぶせて麺棒でたたき、繊維をほぐす。

2　刷毛で片栗粉をまぶして、かたく泡立てた卵白にくぐらせ、ぶぶあられと黒ゴマの2種類の衣をつけて、160℃の揚げ油で揚げて油をきる。

3　塩をふって盛りつけ、スダチを添える。

▼アスパラガスはたたくと根元まで食べやすくなる。

海老丸十挟み揚

サツマイモ、片栗粉
種（エビ、煮きり酒、大葉）
薄衣（水200cc、薄力粉80g）、揚げ油
塩

1　種を用意する。エビは頭と殻をむいて包丁でたたいてすり鉢でなめらかにする。煮きり酒でかたさを調整し、細かく刻んだ大葉を混ぜる。

2　サツマイモは厚さ5㎜の輪切りにして、かために蒸しておく。

3　サツマイモに刷毛で片栗粉をまぶし、1の種を挟む。薄衣をつけて170℃の揚げ油で揚げる。取り出して油をきり、切り分けて盛りつける。別に塩を添える。

▼気泡が小さくなり、水分が抜けて軽くなったら揚げ上がり。

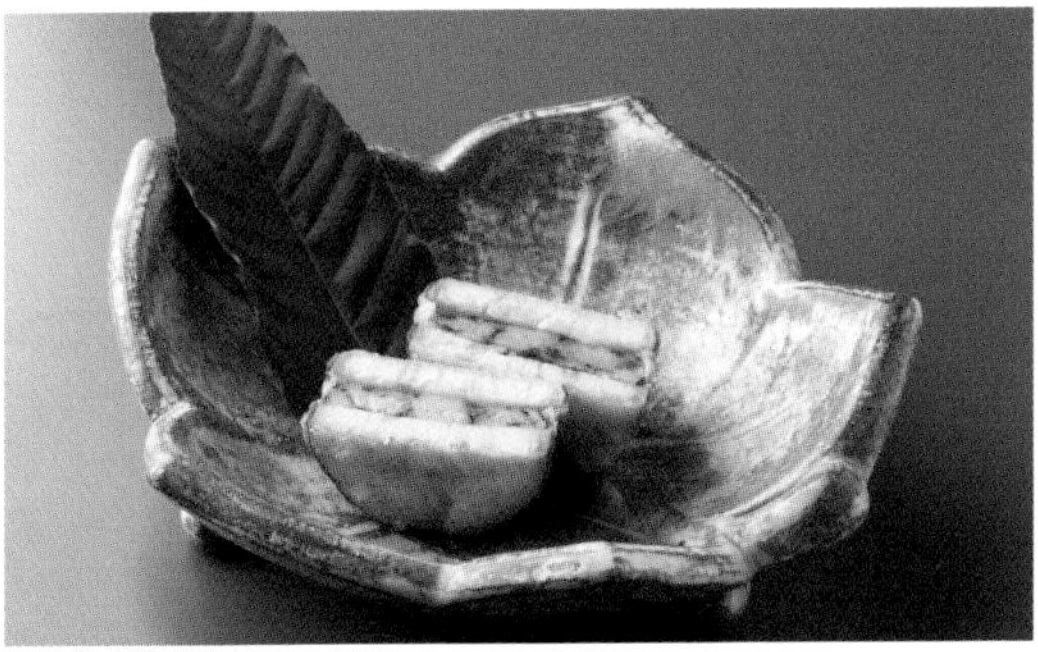

筍餅（タケノコすりおろし30g、白玉粉50g、水30g、木ノ芽適量、塩少量）
揚げ油
酒盗あん（酒盗大さじ1、卵1個）

筍餅酒盗掛

1　筍餅をつくる。タケノコのすりおろし（アク抜きはしなくてよい）、白玉粉、水、木ノ芽をよく混ぜて、塩少量で味をつける。

2　酒盗あんをつくる。酒盗は水で洗って塩気と添加されたアミノ酸をほどよく抜いて水気をきる。

3　ボウルに卵を溶きほぐし、塩抜きした酒盗を合わせて湯煎にかけながら泡立て器で混ぜ、とろみがついたらボウルごと冷水で冷やす。

4　1の筍餅を丸めて真ん中をへこませ、160℃の揚げ油で揚げて油をきる。器に盛り、餅のくぼみに3のあんをのせて供する。

▼酒盗は塩気を少し残す。餅は表面がカリッとして浮いてきたら揚げ上がりの目安。

筍酥山椒揚

1 タケノコとカマンベールチーズを1㎝弱の厚さに切る。チーズの片面に花山椒をまぶし、薄力粉をまぶした2枚のタケノコで挟む。
2 1の周りに刷毛で薄力粉をまぶし、天ぷら衣にくぐらせて、170℃の揚げ油で2分間ほど揚げる。油をきり、塩をふる。
3 半分に切り分けて盛りつける。

▼中のチーズは余熱でちょうどよく溶け、花山椒の香りも立つ。

アク抜きしたタケノコ(→152頁筍土佐焼)
カマンベールチーズ、花山椒
薄力粉、天ぷら衣(薄力粉60g、水100cc)、揚げ油、塩

筍木の芽揚

1 タケノコは水気をふいて、刷毛で薄力粉をまぶし、木ノ芽を混ぜた天ぷら衣にくぐらせて、170℃の揚げ油で揚げる。最後に叩き木ノ芽をまぶす。
2 塩をふって供する。

▼木ノ芽の香りを立たせたいので、揚げたあとに叩き木ノ芽をまぶした。

アク抜きしたタケノコ(→152頁筍土佐焼)
薄力粉、天ぷら粉(薄力粉100g、水200cc、木ノ芽)、揚げ油
叩き木ノ芽、塩

フルーツトマト、片栗粉
しんじょ地（才巻エビむき身100g、すり身50g、玉子の素*大さじ1、玉ネギみじん切り大さじ2）
薄力粉、薄衣（水200cc、薄力粉80g）、揚げ油
旨だし（だし17：薄口醤油1：味醂1）
オクラ、おろしショウガ

*卵黄1個分を泡立て器で溶きほぐし、サラダ油120ccを加えてすり混ぜてマヨネーズ状にする。

赤茄子海老射込

1　才巻エビの頭と背ワタを抜いて殻をむき、包丁でたたく。すり身とともにすり鉢ですって玉子の素でのばす。玉ネギはサッとゆでて冷水にとる。水気をきってエビに混ぜ、しんじょ地とする。

2　フルーツトマトの皮を湯むきし、ヘタの部分からスプーンで種をくり抜き、内側に片栗粉をまぶして、1のしんじょ地を詰める。

3　ラップフィルムで包み、600wの電子レンジで30秒間加熱する。中が温かいうちにラップをはずして蒸し器に移し、中火で5～6分間蒸して水分を飛ばす。

4　薄力粉をまぶして薄衣をつけ、170℃の揚げ油で軽く揚げる。

5　油をきって器に盛り、熱した旨だしを掛ける。小口切りのオクラをサッとゆでて、おろしショウガとともに添える。

▼射込んだトマトは電子レンジを使うと形くずれせずに加熱できる。

翡翠ナス（ナス、揚げ油）
しんじょ地（すり身100g、ヤマトイモすりおろし20g、卵黄1個分）
薄力粉、薄衣（水200cc、薄力粉80g）、揚げ油、塩

茄子二身揚

1　翡翠ナスをつくる。ナスはガクを切り落とし、縦半分に切って、皮側から170℃の揚げ油に入れる。火が通ったら裏返して身側にサッと火を通し、氷水に落として皮をむき、脱水シートに挟んでおく。ナスは完全に火を通さないとアクがまわって色が悪くなる。

2　しんじょ地をつくる。材料をすべてすり鉢でよくすり混ぜる。

3　1の翡翠ナスの断面に薄力粉をまぶし、2のしんじょ地を分厚くのばす。刷毛で薄力粉を全体にまぶし、薄衣にくぐらせて170℃の揚げ油で揚げる。食べやすく切り分けて、塩か天つゆ（↓227頁鱧月冠揚）を添える。

▼翡翠ナスは脱水シートで挟み、空気にふれないことが色を保つ決め手。

加茂ナス、片栗粉、揚げ油
A（だし15：薄口醤油1：味醂1）、水溶き片栗粉
蒸ウニ、揚ギンナン（→108頁栗朴葉焼）

加茂茄子素麵

1　加茂ナスは縦半分に切って中をくり抜いて器にする。
2　別に加茂ナスの皮をむいて天地を切り落とし、桂むきの要領で薄くむいたのちヒモ状に切る。片栗粉をまぶし、160℃の揚げ油で揚げて油をきる。
3　Aを合わせて火にかけ、沸いたら水溶き片栗粉でとろみをつけて、2のナスを入れてからませる。
4　ナスの器に3を盛り、蒸ウニ、揚ギンナンを盛り合わせる。

▼ナスを麺状に切ると、今までにない新食感になる。

フキ、塩、薄力粉、卵白、カツオ節
アク抜きしたワラビ*、薄力粉、卵白、ぶぶあられ
揚げ油、塩

*ダイコンおろし汁1リットルに水1リットル、塩20gを混ぜ、ワラビを入れて2～3時間浸ける。水気をきって灰アクをまぶす。

鍋に水1リットル、重曹大さじ1、塩大さじ1を入れて灰アクをまぶしたワラビを入れて火にかける。沸いたら1分間ほどゆでて冷水にとる。ゆで汁と別にして冷ます。ゆで汁が冷めたらワラビを戻して2時間浸けてアクを抜く。

蕗土佐揚 蕨あられ揚

1 蕗土佐揚をつくる。フキは板ずりして熱湯で色よくゆで、冷水にとって皮をむく。6㎝に切りそろえる。
2 カツオ節をフライパンで軽く空煎りして冷まし、手で握って粗くつぶす。フキに薄力粉をつけて布漉しした卵白にくぐらせ、カツオ節をまぶして、170℃の揚げ油で30秒間揚げる。
3 蕨あられ揚をつくる。ワラビは6㎝に切って薄力粉をまぶし、布漉しした卵白にくぐらせ、穂先の下にぶぶあられをまぶして170℃の揚げ油で30秒間揚げる。
4 2種を盛り合わせ、塩を添える。

▼土佐揚はカツオ節がこげやすいので、すでに火が通っている種が向く。

蕗の薹酥射込

1　フキノトウは芯を包丁の切っ先ではずす。内側に刷毛で薄力粉をまぶし、さいの目に切ったプロセスチーズを詰める。
2　1の周りに刷毛で薄力粉をまぶし、薄衣にくぐらせて180℃の揚げ油で揚げる。

▼チーズが溶け出す前に油から上げる。

フキノトウ、プロセスチーズ
薄力粉
薄衣（薄力粉80g、水200cc）
揚げ油

百合根最中

1　百合根をばらし、蒸し器でかために蒸す。
2　蒸した百合根に塩粒ウニを詰めて、もう1枚の百合根で蓋をする。薄力粉を刷毛でまぶし、黄味衣にくぐらせて170℃の揚げ油で揚げる。
3　素揚げにした葛切を敷いて2の百合根を盛りつけ、スダチを添える。

▼ウニのかわりに大葉と煎りゴマを混ぜた白味噌を詰めても美味。

百合根、塩粒ウニ
薄力粉、黄味衣（薄力粉70g、卵黄2個分、冷水100cc）、揚げ油
葛切、スダチ

レンコン、薄力粉
アナゴ、煮汁（だし4：水4：醤油1：味醂1：砂糖0.5）、白ゴマ、大葉
薄力粉、薄衣（水200cc、薄力粉80g）、揚げ油、塩
スダチ

蓮根穴子射込揚

1　アナゴを背開きにして霜降りをし、皮目のヌメリを包丁の峰でこそげ取る。合わせた煮汁で15～20分間ほど煮含め、鍋のまま冷ます。

2　1のアナゴを包丁でたたき、白ゴマ、細かく刻んだ大葉を混ぜる。

3　レンコンは両端の節を切り落として皮をむき、酢水（分量外）で10分間程度ゆでて水気をきる。

4　レンコンの穴に2を詰めて2cmの厚さに切り、薄力粉をまぶして薄衣にくぐらせ、170℃の揚げ油で揚げる。

5　2分間ほど揚げて取り出し、塩をふって半分に切り、切り口が見えるように盛りつける。スダチを添える。

▼煮アナゴと相性のよい粉サンショウをふってもよい。

一

酒肴の展開　材料別料理さくいん

【あ】

【か】

【た】

本づくりを終えて

本書の制作に携わらせていただきましたことを、心から感謝申し上げます。

私は師匠、野﨑洋光のもとで修業を始めて十五年になります。朝は豊洲市場に仕入れに行き、店に戻って仕入れた食材で仕込みをします。そして、夜お客様をお迎えして、板の前に立ちます。最後のお客様をスタッフ全員でお見送りをし、片付けをして一日を終えます。

一日のほぼ全てを料理にかける毎日です。献立は毎週のように変わりますが、やる事は毎日ほぼ同じ事の繰り返しです。

昨日の上に今日を重ねて、また明日を迎えるのです。その中でいくつ楽しさや気付き、やりがいを見つけ、幸せを感じることができるかが、自分を高める要因だと思います。

全てはお客様が運んできてくださいます。本当にありがたい職業でございます。本書には、まさにそれが詰まっております。どうか手に取ってくださった方に、少しでもお役に立てれば幸いです。

最後に、私は最高の師匠に出会えた事を誇りに思います。

令和二年五月

分とく山　阿南優貴

著者紹介

野﨑　洋光

のざき・ひろみつ

1953年福島県石川郡古殿町生まれ。東京・武蔵野調理師専門学校を卒業後、東京グランドホテルの和食部に入社。5年の修業を経て八芳園に移る。1980年、東京・西麻布「とく山」の料理長に就任。1989年に「分とく山」を開店し、総料理長として活躍する。2003年、南麻布に移転。2018年に本店が隣接する土地に建てた新築ビルへ移転し、現在に至る。東日本大震災後、復興のために食の面から故郷である福島の支援を続けている。著書は数多く、1年に5〜6冊のペースで出版。テレビや雑誌などにも多数登場。古くからの食文化を尊重しつつ、つねに時代に即した新しい調理方法を追求している。

阿南　優貴

あなん・ゆうき

1984年福岡県久留米市生まれ。福岡・中村調理製菓専門学校を卒業。東京・南麻布「分とく山」に入社する。以来15年間日本料理の修業を重ね、2018年の本店移転にともない、本店料理長に就任する。同店総料理長の野﨑洋光氏の教えのもと、日本料理の基本に則り、お客様の嗜好に合った食材や調理法を取り入れて、新しいアイデアを盛り込んだ料理をつくっている。数十人の若いスタッフを束ね、名声店を引き継いでいくという責務をもって、日々邁進している。現在は2階客室のカウンターに立ち、腕をふるっている。

分とく山

〒106-0047
東京都港区南麻布 5-1-5
TEL　03-5789-3838
https://waketoku.com/

酒肴の展開
美味しい献立の増やし方

初版印刷　２０２０年６月５日
初版発行　２０２０年６月２０日
著者 ©　野﨑洋光
阿南優貴

発行者　丸山兼一
発行所　株式会社柴田書店
〒１１３－８４７７
東京都文京区湯島３－２６－９イヤサカビル
営業部　０３－５８１６－８２８２（注文・問合せ）
書籍編集部　０３－５８１６－８２６０
http://www.shibatashoten.co.jp

印刷製本　凸版印刷株式会社

ISBN978-4-388-06324-6

Printed in Japan